"Depois, se levantará um rei poderoso, que reinará com grande domínio e fará o que lhe aprouver. Mas, no auge, o seu reino será quebrado e repartido para os quatro ventos do céu; mas não para a sua posteridade, nem tampouco segundo o poder com que reinou, porque o seu reino será arrancado e passará a outros fora de seus descendentes. O rei do sul será forte, como também, um de seus príncipes; este será mais forte do que ele, e reinará e será grande o seu domínio."

(Profeta Daniel – cap. 11:3 a 5.)

Dados Internacionais de Catalogação na Publicação (CIP)
(Câmara Brasileira do Livro, SP, Brasil)

Nathanael (Espírito).
Os últimos lagídios / ditado por Nathanael ; [psicografado por] Helaine Coutinho Sabbadini. – Catanduva, SP : Boa Nova Editora, 2006.

ISBN 85-99772-04-X

1. Espiritismo 2. Ficção espírita 3. Psicografia I. Sabbadini, Helaine Coutinho. II. Título.

06-1058 CDD-133.93

Índices para catálogo sistemático:
1. Ficção espírita 133.93

Impresso no Brasil/*Presita en Brazilo*

Os Últimos Lagídios

Helaine Coutinho Sabbadini ditado por Nathanael

boanova

Instituto Beneficente Boa Nova
Entidade coligada à Sociedade Espírita Boa Nova
Av. Porto Ferreira, 1.031 | Caixa Postal 143
Catanduva/SP | CEP 15809-020
www.boanova.net | boanova@boanova.net
Fone: (17) 3531-4444

1ª edição
10.000 exemplares
Abril/2006

Capa
Direção de arte
Francisco do Espírito Santo Neto
Designer
Cristina Fanhani Meira

Revisão
Maria de Lourdes Pio Gasparin

Editoração eletrônica
Cristina Fanhani Meira

O produto da venda desta obra é destinado à manutenção das atividades assistenciais do Grupo de Estudos Espíritas Emmanuel, de Muriaé, MG, e da Sociedade Espírita Boa Nova, de Catanduva, SP.

Sumário

Prólogo
Sede Perfeitos

"Portanto, sede vós perfeitos,
como perfeito é o vosso Pai que está no céu."
(Jesus – Mateus, 5: 48)

" O plano do Céu na produção da Humanidade é este: aqueles que primeiro se informam devem instruir aos outros que se demoram em informar-se; e os que primeiro compreendem devem instruir aos que são mais lentos em compreender.
Eu sou um dos filhos do Céu que primeiro compreendeu. Devo tomar esses princípios e com eles instruir os meus semelhantes."
(Confucius[1] – "A Doutrina do Meio")

---

[1]*Filósofo Chinês, nascido na Província de Shantung, na Aldeia de Tsen, no ano 550 e morto em 478 a.C., no Reinado de Ngai-King*

Estimados irmãos, com mais este trabalho aproximamo-nos da conclusão do somatório das narrativas mediúnicas de estilo histórico-romanceado, ligadas entre si pela consistência espiritual implícita nos experimentos seculares de seus personagens. Todas concernentes aos exames pregressos dos encarnados e desencarnados, que, direta ou indiretamente, colaboraram para as suas consecuções, debaixo do consentimento do Cristo Jesus!

Conforme já delineado nas obras anteriores, tais empenhos foram meticulosamente tracejados há bastante tempo no limiar indevassável da vida, junto ao coração da médium que nos tem servido, para quem as referidas exposições representam sagradas advertências e valiosos princípios a serem observados. Portanto, em se tratando de mediunidade iluminada pela informação e vivência dos princípios evangélicos, devidamente abonada aos cuidados do Alto no trato com as finalidades espirituais superiores, jamais existirá a improvisação!

Repetimos algo anteriormente patenteado: as experiências de todas as individualidades, uma vez apresentadas em seus tentames milenares pela ressalva espiritual, desvendariam preciosidades em forma de ensinamentos. Por conseguinte, aduzimos que a nossa proposta nada ostenta de excepcional, a não ser a identificação da incrementação dos dons mediúnicos, através das dores, das decepções e dos austeros esforços, decisivamente entregues aos labores do Cristo. Além disso, buscamos primar pela evidenciação das Leis Superiores refletidas nos mais ínfimos episódios da vida, bem como nas mais simples disposições no mundo. Os poderes, a abastada procedência ou o brilhantismo intelectual retratam severíssimos compromissos e aqueles que os auferiram, em prol dos indispensáveis empenhos evolutivos, deles carecerão apresentar rígidas contas ao Criador.

A critério geral, evidencia-se que a esfera terrena, no despontar do novo milênio, abriga enormes convulsões no cerne de suas sociedades. Soa para as almas rebeldes e consagradas aos desvarios do comportamento, a dissiparem sagradas concessões espirituais, um inadiável momento de definição, porquanto séculos foram concedidos pelo Governador Supremo para um ajustamento, em elevados moldes transformadores!

Sem qualquer embargo, delineamos que se encontra à cabeceira dos movimentos da Doutrina Consoladora, maiormente nas dilatações da pátria brasileira, incontável número de almas – ressurgidas das fascinantes culturas milenares –, a direcionarem as antigas habilidades administrativas e marciais, assim como os oportunos conhecimentos espirituais, segundo as intenções do Cristianismo Redivivo.

Entretanto, nada de excêntrico as distingue, haja vista que os comprometimentos e as acérrimas aflições pretéritas, sorvidas na terra e no espaço, muito lhes lecionaram às consciências impenitentes. Encontrá-las-emos, na atualidade, vergadas sobre os próprios deveres espirituais, na condução dos interesses doutrinários, na prática da mediunidade iluminativa e na completa inclinação às massas sofredoras.

Alteiam-se as vozes de remotos tribunos e senadores da portentosa Roma Imperial, não mais para instigarem as rebeliões e a tirania, mas para a exposição dos sacrossantos bens do Evangelho de Jesus, com a mesma efusão de antanho, conclamando a renovação pela prática da caridade, pelo incremento do amor sem peias e pelo conhecimento da Realidade Espiritual.

Exaurem-se as mãos e os raciocínios de ancestrais literatos helênicos, a despeito de obterem na atualidade opaca cultura acadêmica, de modo a tracejarem preciosos sumários, disseminando a profusa Ciência do Espírito e a imponderável Filosofia do Ser Imortal...

Esgotam-se as existências de longínquas sacerdotisas e sacerdotes egipcianos, druidas e babilônios, debruçados sobre os incansáveis labores da Mediunidade Evangelizada! À custa da própria integridade física avançam, incompreendidos e menosprezados, porém nunca mais falseando o sagrado intercâmbio, tampouco utilizando o sacrossanto talento para colimar interesses mesquinhos e egoísticos.

Repercute outra vez, no horizonte de uma Nova Aurora, o sagrado clamor: "*Portanto, sede vós perfeitos, como perfeito é o vosso Pai que está no céu*". Agora, finalmente ouvido e agasalhado no imo do ser imortal!

Nathanael
Muriaé, MG, janeiro de 2005

I

Alexandros III Philippou Makedonon

"De modo que nem o que planta é alguma coisa,
nem o que rega, mas Deus, que dá o crescimento...
Porque de Deus somos cooperadores;
lavoura de Deus, edifício de Deus sois vós."
(Paulo – I Coríntios, 3:7 e 9)

"O raio vem do alto, certeiro, e fulmina tudo o que encontra: porém não se pode vê-lo, nem quando cai, nem quando fere, nem quando desaparece. Invisíveis são os ventos, porém lhes vemos os efeitos, lhes sentimos a presença. Enfim, mais que tudo participa a alma humana do Espírito Divino. Reina em nós, é indiscutível, entretanto não o vemos. Refletindo em tudo isso, não se devem desprezar as forças invisíveis, mas, por seus efeitos, honrá-las e reconhecer-lhes o poder."
(Sócrates [1] – Xenofonte, "Ditos e Feitos Memoráveis de Sócrates")

---

[1] *Ilustre filósofo nascido em Atenas, Grécia, no ano 470 e morto em 399 a.C.*

Regresso, em espírito, às terras da ancestral Anatólia, na Ásia Central, região que, mais de uma vez, abrigou-me por berço de valiosas experiências evolutivas. O solo asiático ressurge-me nas avançadas décadas do Século I da Era Comum, quando na condição de Legado de César permeava as extensões familiares em campanha, liderando as legiões que avançavam sob o emblema da prestigiosa Águia Romana...

Mais remotamente as revejo no painel das mais caras recordações, nos idos do ano 44 a.C., ocasião em que na mesma expansão oriental, já sob o domínio de Roma, encontrava-me defendendo os interesses do Estado, como governador. Nesta época, com enorme pesar, receberia a urgente missiva com a nota do bárbaro assassinato de meu grande amigo e aliado, General Gaius Julius Caesar, numa hedionda conspiração do Senado, entre cujos líderes, um deles, dos mais tenazes, fora o seu próprio filho adotivo, Marcus Iunius Brutus.

Ao mesmo tempo resgato-as nos longínquos dias do ano 330 a.C., quando me vejo cavalgando por aquelas extensões, adotando o arcabouço físico de um dos chefes militares do obstinado conquistador, Alexandros III Philippou Makedonon, posteriormente conhecido como Alexandre, o Grande, na ocasião em que submetemos Darius III, na Planície de Issos, proclamando o nosso jovem líder, Rei da Ásia e sucessor da dinastia persa. Repasso com nitidez que, naquelas longínquas épocas, o legatário do extinto Rei Felipe da Macedônia adotou o cerimonial teocrático[2] da corte oriental, quando no ano 328 a.C. contraiu matrimônio com Roxana, filha do destacado Sátrapa[3] da Região da Báctria, Oxiartres.

Para espanto da maioria de seus comandados gregos, coroou-

---

[2] *Relativo à teocracia. Forma de governo em que a autoridade, emanada de Deus ou dos deuses, é exercida por seus representantes na Terra.*

[3] *Na antiga Pérsia, nome dado ao Governador da Província.*

se à moda dos asiáticos e adotou, ao mesmo tempo, os costumes babilônios. Trajava-se com as togas, mantos e adereços, bem como passou a ostentar a característica tiara de ouro à cabeça, usada pelos líderes persas.

O jovem comandante macedônico, detentor de prestigioso carisma e de uma força física sobre-humana, desconhecia, assim como nós, as intenções superiores a seu respeito, em prol da progressão das sociedades terrenas.

Entretanto, passaríamos a constatar no futuro, desprendidos do corpo denso e iluminados pela compreensão das verdades eternas, que quando o nosso obstinado condutor militar, extremamente convicto, legitimava para si a titulação do deus Aquiles em missão superior na Terra, de certa forma intuía acerca de compromissos firmados no Plano Indevassável da Vida, assim como a sua ascendência estranha ao próprio mundo terreno.

Quando do domínio da Pérsia, não somente lançou-se nos costumes estrangeiros, mas incentivou os seus comandados a casarem com as mulheres estrangeiras, tendo um grande número de homens tomado as asiáticas como esposas. Desta forma, no auge das campanhas macedônicas, vitoriosos generais e donos do mundo, também eu fui vencido por aquele país singular e pelo perfil de uma das mais belas mulheres já encontradas, digna de um verdadeiro monarca. Jamais esquecerei o dia em que os meus olhos pousaram sobre a jovem

Berenice. Fora como se reencontrasse o sentido de minha existência naquela distante região de povos rudes e bárbaros, como repetidas vezes o mestre Aristóteles nos ministrara. Não demoraria muito tempo e ela se tornaria a constante companheira de um dos mais obstinados oficiais do Rei Alexandros III.

Admiro, outra vez, na tela das sagradas reminiscências, a jovem esposa Berenice: madeixas negras em caracóis, pele brilhante e lindos olhos cor de esmeralda... Malgrado jamais tê-la visto anteriormente, parecia-me ilimitadamente conhecida. Por essa razão, a soberba jovem capturou-me o coração desde o primeiro instante, quando os meus olhos se deitaram sobre o seu semblante altaneiro.

Em vertiginosa queda num passado ainda mais longínquo, torno às mesmas fronteiras dos anatólios ou Região do Hatti, quando lá existi por volta do ano 1300 a.C., ocasião em que enverguei a indumentária carnal de um acirrado líder hitita, oponente aos faraós egípcios do clã ramessista, envolvidos em guerras hediondas pela posse da Síria...

Preparado pelas disciplinas das correções necessárias, impostas pelos sucessivos milênios, compreendo hoje que estamos constantemente refazendo caminhos, revivendo semelhantes experiências pretéritas, pisando solos remotamente amados e conhecidos, bem como nos deparando com antigos cúmplices, de modo a aferirmos – na escola inigualável do planeta – se temos obtido a aprendizagem indispensável.

Entretanto, minha memória penetra e se atém aos acontecimentos do ano 343 a.C., devassando, outra vez, o Palácio de Pella, na Macedônia, região que originalmente se localizava ao norte da Grécia, cercada pelos territórios inimigos da Ilíria, da Trácia e de Épiro, onde vivia na condição de um simples serviçal agregado à nobre residência do Príncipe Alexandros, filho do soberano Felipe II e da Princesa Olímpia de Épiro. O menino Alexandros fora rigorosamente educado, de modo que aos treze anos de existência já possuía grande destreza bélica e os mais expressivos instrutores, entre estes, Aristóteles, que constantemente o estimulara ao exame de novos temas, incentivando-o a instruir-se sempre mais.

Simultaneamente, delineia-se na memória, transcorridos incontáveis séculos, uma determinada manhã, perdida na névoa das experiências ancestrais, e nela uma conversa simples entre mim e o pequeno príncipe. Apesar da naturalidade de nossa confabulação, dos lábios de Alexandros brotariam afirmações de caráter bastante profético, naquele alvorecer especial.

* * *

No limiar do ano 343 Antes da Era Comum, voltamos à cidade de Pella, ao norte da Grécia, nas épocas das façanhas armadas dos grandes conquistadores macedônicos. Um jovem pajem de pouco mais de vinte anos de vida cortava apressadamente os vestíbulos de uma rica moradia atrás dos passos de seu pequeno monarca, de modo a convocá-lo para as lições diárias. Adentrando de mansinho num enorme cômodo repleto de tapetes bordados, altares de mármore e jarros de ouro, deparara-se com um jovenzinho de aproximados treze anos, cujos olhos arguciosos saltavam na face clara emoldurada por cabeleira em graciosas ondulações, matizada de ouro velho pelas constantes exposições solares.

Imediatamente, baixando a fronte com sincera reverência, o recém-chegado noticiara:

– Senhor, a governanta Koprilla pede para chamar-vos, pois os mestres já vos aguardam.

Com implícita autoridade e indisfarçável rompante o menino respondera:

– Pobre Koprilla, sempre me desconsiderando! Por acaso ela me julga um insensato infantil que despreza os próprios compromissos educacionais? Eu já me aprontava para seguir, Ptolomeu!

– Conheço-vos a ponderação, majestade, do mesmo modo sei que aceitais com bravura os exaustivos empreendimentos de vosso dedicado pai! Possuís a ventura e a estirpe dos deuses. Pessoalmente testemunho o quanto apreciais os vossos catedráticos, que são os mais sábios e destacados de todo o mundo. Sem embargo de vossa juventude, já dominais os superiores conhecimentos.

O menino, franzindo discretamente a fronte, replicara:

– Ora, Ptolomeu, abandonai tais pieguismos! Sois meu inseparável aliado. Onde estou, estais vós, assim como a minha sombra! Assistis a todas as aulas dos grandes instrutores comigo, deste modo, estais vos qualificando tanto quanto eu... Ademais, é sabido que minha família jamais vos abandonou sem os cuidados dos excelentes educadores...

E num fundo suspiro, dissimulando habilmente o enfado em face das elogiosas alusões do servidor, continuara:

– Entretanto, desobrigais-vos do rigorismo ao qual me submete meu pai e tutores, o que vos torna bem mais venturoso do que eu!

O pajem, sorrindo prazerosamente, correspondera com amizade:

– Constantemente inverteis os irretocáveis fatos e posições de nossas vidas. Isso mostra a vossa mente arguciosa, senhor Alexandros! Aguardo o momento em que pronunciareis que eu sou o príncipe e vós o escravo!

Ambos gargalharam revirando as frontes para o alto. O príncipe Alexandros, estendendo a mão direita, repousara-a sobre o ombro esquerdo do amigo, que se mantinha dobrado nos joelhos. De maneira inexplicável experimentava, no íntimo da alma, ser o criado de sua casa um coração grandemente vinculado ao seu. Assim, assegurou com imenso orgulho e arrogância, enquanto os olhos brilhavam num fulgor estranho:

– Crede-me, Ptolomeu, junto ao meu caro Hefestion, sois um dos poucos amigos fiéis do herdeiro do Rei Felipe II. Por conseguinte, príncipe também vos tornais, e comigo, um dia vos transformareis num imperante.

Os corações de ambos estremeceram, num curioso frêmito, fazendo-os silenciar por instantes, como se Alexandros acabasse de prever um futuro não muito distante. O pajem, quebrando a repentina quietude, ponderara:

– Vede, senhor, eu não disse?! Sois genuinamente um perspicaz conquistador nato. Algum dia terminareis por me convencer!

– Ótimo! Pois jamais falseei a verdade para convosco, prezado Ptolomeu! Guardamos inimigos ocultos por todos os lados, que tramam perversas ambições quanto ao trono... A nossa rainha, detentora de privilégios misteriosos e de dons divinos, comunga com os deuses diariamente garantindo-nos a liderança. Contudo – o rapazote estancara repentinamente a fala, olhando fixamente para o vácuo, como a buscar a fisionomia da mãe que tanto amava –, necessitamos possuir aliados leais, nos quais possamos depositar irrestrita confiança!

Partamos para as nossas aulas de hoje: Retórica e Ciências Políticas... Ademais, temos que prestar conhecimento das leituras das obras de Eurípides e Píndaro ao velho mestre, assim como o fizemos há alguns meses, depois de lermos a Ilíada e a Odisséia – alardeara Alexandros já atravessando o grande portal do dormitório, lançando a manta sobre o ombro esquerdo, com um sorriso bonachão na bela face de bochechas coradas.

– Nós, Alexandros?!

– Evidente, Ptolomeu! Pois não lestes os códices[4] comigo durante as últimas semanas?!

– De fato! Entretanto, conforme verdadeiramente dissestes há poucos minutos, vós tereis que fazê-lo sozinho, visto que estou dispensado de quaisquer compromissos! Apreciei demasiadamente as narrativas dos filósofos, contudo agora vou ao estábulo preparar as montarias para os nossos treinamentos diários de equitação e arremesso de zarissas[5].

Alexandros, segurando firmemente o companheiro pelo antebraço, afirmara com o entusiasmo característico de sua idade juvenil:

---

[4] *Grupo de folhas de pergaminho unidas por cadarços, tornando uma espécie de livro.*

[5] *Lança de madeira medindo cerca de cinco metros de comprimento e principal arma do exército macedônio.*

– Não vos permito! Primeiro as aulas, depois iremos juntos aos estábulos. Porventura esquecestes que vos declarei há pouco um amigo constante?!

O rapazote, ladeado pelo criado, entre ingênuas risadas, amigavelmente encaminhara-se para a sala onde os instrutores e a inquieta Koprilla os aguardavam.

* * *

Cinco anos passaram imperceptíveis para o herdeiro de Felipe II, afundado em árduos empenhos educacionais e bélicos, por determinação do rigoroso rei macedônico. No entanto, as permanentes rixas entre Olímpia e Felipe contaminavam o jovem príncipe que, depressa, ostentava dezoito anos. Quando o monarca elege uma nova concubina, a relação familiar chega a um extremo de intolerância, fazendo com que o rei exilasse Olímpia, Alexandros e um numeroso séqüito na Grécia, pretextando a necessidade de prepará-lo mais adequadamente.

Verdadeiramente, uma nociva competição emergiu entre pai e filho com o desabrochar das habilidades marciais do menino, que aos quatorze anos, com espantosa persistência, domara um corcel negro, dando-lhe o nome de Bucefalus. O animal se tornaria a sua montaria predileta até o limiar de sua existência.

Acalmadas as diferenças, a família se reuniria novamente em Pella, ocasião em que surgiria, para Alexandros, a primeira oportunidade para uma legítima campanha marcial. Felipe, militar experimentado, decidira conferir as habilidades bélicas do filho colocando-o junto dele no exército macedônico. O jovem, liderando um esquadrão de dois mil soldados, surpreende a todos saindo vitorioso contra os atenienses e tebanos, no combate de Queronéia, dominando o temível Batalhão Sagrado de Tebas. Contudo, com a comprovação da superior desenvoltura bélica de Alexandros agrava-se a rivalidade entre pai e filho, insurgindo concorrências espirituais ancestrais. Acresça-se a isso o fato de que Felipe afastara-se definitivamente de sua própria esposa, Olímpia, gerando outros herdeiros bastardos.

O misterioso assassinato do rei Felipe em 336 a.C., que jamais fora desvendado pelos historiadores terrenos, ocultava as suas raízes numa conspiração entre o próprio Alexandros e sua mãe, que subornaram um dos mais leais guarda-costas do monarca.

Desta maneira, o príncipe subira triunfante ao trono da Macedônia, ocasião em que desvelara irretocavelmente o seu comportamento destemido e conquistador. Decidira-se pela ampliação territorial do Reino Macedônico, com determinação bastante firme. E atendendo ao audacioso propósito, aparelhara um portentoso exército, conectado em tropas: a infantaria, compacta união de soldados, cujas armas de guerra eram as zarissas, os reforçados escudos troianos, os aríetes[6] e as balistas[7]; e a cavalaria, expressiva força macedônica, que se constituía no grande apoio das ofensivas.

Imediatamente depois de subir ao poder, Alexandros enfrentou revoltas de várias cidades gregas e pressões dos trácios e ilírios, aos quais com grande destreza combatera, agora no vigor de seus vinte anos de existência. Naquela ocasião, o agregado Ptolomeu já passara da condição de pajem para a de guarda pessoal do jovem rei Alexandros. Logo depois, foi promovido a militar de campanhas, partindo ao seu lado na dominação dos territórios gregos insubordinados.

Pacificadas as Cidades-Estado da Grécia, o jovem rei elaborara o seu mais ambicioso projeto: a conquista do Império Persa, na mais assombrosa empreitada armada da Antiguidade. Em 334 a.C., cruzou o Helesponto[8] e na Ásia avançou até o Rio Granicus, onde

---

[6] *Máquina de guerra com que se derrubavam as muralhas ou as portas das cidades sitiadas.*
[7] *Máquina bélica para o arremesso de pedras, fachos, etc.*
[8] *Antiga denominação do estreito de Dardanelos, que separa a Europa da Ásia Ocidental.*

enfrentou os persas pela primeira vez, alcançando importante vitória contra o general Nemmus. Prosseguiu triunfante, tomando as cidades asiáticas, até chegar a Gordium, onde cortou com a espada o "nó górdio", um emaranhado de cordas no jugo de um carro de bois, exibido num altar. Segundo a mitologia, a quem o desatasse seria assegurado o domínio da Ásia.

Diante do irreprimível avanço de Alexandros, o rei dos persas, Darius III, resolveu pessoalmente liderar a Batalha de Issus no ano 333 a.C.. Fatalmente derrotado, Darius III fugiu. Em seguida, *Iskander*[9], o novo rei Persa, empreendeu a conquista da Síria no ano 332 a.C., e seguiu avançando para o Egito.

A aspiração de Alexandros, que, em verdade, correspondia inconscientemente ao propósito traçado nos Altos Planos da Vida a respeito do progresso das sociedades terrenas, realizar-se-ia através de uma admirável expedição militar que perduraria doze anos: unir as culturas do Oriente e do Ocidente, expandir o superior conhecimento grego, incorporar outros, e miscigenar as raças. O general, sem o saber, interagia com a gerência espiritual superior em favor da indispensável expansão cultural, segundo o Determinismo da Evolução. Os detalhes dessa excepcional viagem ao Egito, realizada no ano 331 a.C., repleta de transtornos e exaustão, através de um deserto completamente inóspito, foram preservados pelo ilustre geógrafo Estrabão, em suas notas geográficas.

Depois de dominar definitivamente as remanescentes legiões de Darius III no combate de Gaugamela, no ano 331, dedicou-se à conquista de todos os portos com importância estratégica nos litorais da Síria e da Palestina: Tarsus, Biblus, Sidon, Tiro. O passo seguinte fora ocupar o Egito, sob o domínio persa desde 525 a.C., quando o rei Cambises, filho de Ciro, invadira-o. Reza uma tradição que o principal objetivo de Alexandros ao invadir o Egito fora

[9] *Nome dado a Alexandros na Pérsia.*

garantir o seu acesso ao Oráculo de Siwa, situado num oásis no interior do deserto ocidental, para auferir as suas previsões. Entretanto, as vinculações espirituais do jovem militar com aquelas regiões eram vigorosas e ancestrais: as terras dos remotos faraós fascinavam e seduziam, a um só tempo, a sua impressão sensível.

O Rei da Macedônia iniciou um processo pessoal e pacífico de orientalização ao tomar contato com a civilização egípcia: respeitou os antigos cultos aos deuses egípcios, restaurou mausoléus e estelas[10], preservou cuidadosamente a remota cultura, ao contrário dos antigos monarcas persas. Percorreu as expansões egípcias visitando Gizé, Heliópolis e Mênfis, nomeando dezenas de cidades com o seu próprio nome e de seus familiares. Encantado com uma belíssima enseada na costa do Mediterrâneo, um autêntico porto natural, fundou ali a cidade de Alexandria, à margem do mar, edificada numa elevação no braço Canópio do Delta do Nilo, num istmo, entre o Lago *Mariut*, ou Mariótis, e o Mar Mediterrâneo.

Caráter firme e indomável, não lhe agradava ser contrariado em seus propósitos, por isso, consecutivamente, seria visto utilizando-se de tendências bastante drásticas em suas campanhas, mesmo com os seus comandados. Condenara à morte o sobrinho do mestre Aristóteles, o escriba Calistenes, que acompanhava os exércitos há diversos anos com a intenção de historiar os seus bem-sucedidos feitos, unicamente porque o recriminara ao adotar tão severamente os costumes estrangeiros, pondo em dúvida as suas origens gregas. Também o general Parmênides, um dos melhores comandantes de Felipe II, pagaria com a vida, assim como seu filho Filotas, por alardearem a sua força e preponderância junto às façanhas de Alexandros...

Entretanto, Ptolomeu o seguiria até o fim de sua abreviada existência. Depois da morte do rei macedônico, tornar-se-ia o go-

---

[10] *Coluna ou placa de pedra em que os antigos faziam inscrições, geralmente funerárias.*

vernador das terras egípcias, fenícias e filistéias, bem como teria muita influência e controle na divisão das grandes extensões entre os quatro maiores generais de Alexandros III: Selêuco, Lisímaco, Antígono e ele próprio.

Com a tomada do Egito pelas armadas macedônicas, funda-se a XXXII Dinastia de líderes naquelas extensões do Continente Africano. A realização do monarca grego, no final do século IV, incrementando a expansão das terras egípcias, é somente comparável aos feitos do Faraó Tutmés III, há mais de um milênio transcorrido daqueles dias.

O grande Rei Macedônico e Persa, Alexandros III, atacado da letal febre transmitida pelos mosquitos do Nilo, morreria aos aproximados trinta e três anos de vida, com a agravante de uma lesiva perfuração pulmonar adquirida na ofensiva às cercanias de *Hindu Kush*[11].

Como os desígnios superiores jamais estarão sob a proteção de um único homem, e sim no secular somatório das capacidades morais, intelectuais e, principalmente, espirituais de cada cooperador, Ptolomeu, aos quarenta e três anos de vida, iniciara a próspera Dinastia Lagídia ou Ptolomaica. O general cultivaria por seu jovem monarca, ao longo da existência, admirável estima, levando às ultimas conseqüências o desejo de Alexandros III de ser sepultado em terras egípcias. Desta forma, quando os macedônios transportavam para a Grécia o sarcófago de ouro com os despojos de seu líder, que num curto período espalhara respeito e temor junto aos seus adversários, os exércitos de Ptolomeu o seqüestraram, conduzindo-o para Alexandria, onde permaneceria por três séculos.

* * *

Adotando o nome de Ptolomeu I Soter, o Salvador, o antigo general de Alexandros e filho de Lagos, iniciaria uma nova e prós-

[11] *Atual Índia*

pera dinastia no Egito que receberia, ora o seu próprio nome, Ptolomaica, ora o nome proveniente de sua origem: Lágida.

Nos anos seguintes estendera o seu domínio ao Chipre, à Síria e às regiões costeiras da Anatólia, fronteiras que conhecia amplamente por experiências reencarnatórias anteriores. É bem verdade que consolidou e expandiu suas possessões por meio de combatente energia, porém, sobretudo, por obra de estratégicas negociações, pactos e matrimônios políticos. Igualmente titulou-se Faraó do Egito em 304 a.C.. Sustentava amigáveis relações com os gregos e, ao mesmo tempo, conquistava a crescente simpatia dos egípcios com medidas justas e bondosas. Extremamente apegado aos cultos egipcianos, fundira-os com os da Grécia. Dentre as suas mais expressivas façanhas estava a concepção do *Mouseion*[12], edificação onde trabalhavam sábios, pesquisadores e artistas, conhecido como a célebre Biblioteca de Alexandria e a de um magnífico farol revestido de mármore branco, na Ilha de Faros. A construção, confiada ao hábil projetista Sostratus, tinha na base a seguinte inscrição: "*Sostratus, filho de Dexifanes, o Cnidian, consagra este marco aos deuses salvadores – Ptolomeu e Berenice –, no interesse dos que navegam*". Contudo, somente no reinado do filho de Ptolomeu Soter a monumental arquitetura seria concluída...

O faraó, durante o restante de sua existência, buscaria exaustivamente reunir escritos e documentos, destacadamente os volumes místicos relacionados às tradições dos povos dominados, haja vista que a religião era – de acordo com o preceito sagrado grego – "o grande portal do espírito".

Além de assumir o compromisso espiritual de incentivador das artes e das ciências, Ptolomeu igualmente narraria às gerações futuras a história das campanhas de Alexandros III. Embora sua

[12] *Biblioteca, museu.*

obra tenha se perdido, é possível reconstruí-la em grande parte, uma vez que foi extraordinariamente manuseada, como fonte fidedignas de informações, pelo notório historiador Arriano.

No ano 290 a.C., Ptolomeu Soter coroou a sua amada esposa babilônica, Berenice, como Rainha do Egito e em 285 a.C. indicou seu filho mais novo como sucessor e co-regente. Berenice, alma voluntariosa e perspicaz, secundava o novo líder em todas as suas resoluções, sendo uma grande incentivadora da constituição do *Mouseion* e uma estudiosa habitual das diversas obras literárias, principalmente as que descreviam os remotos cultos iniciáticos da memória faraônica. A rainha, apesar da origem persa, muito mais se afeiçoava às tradições egípcias, às quais se entregara sem reservas, do que às de sua pátria natal, desenvolvendo-se nos secretos ritos de iniciação espiritual junto aos sacerdotes das terras fascinantes. Espírito resoluto e forte, apoiara o ânimo do esposo Ptolomeu na recuperação de todos os "Templos de Milhões de Anos"[13], estelas e monumentos da cultura milenar do Egito. Ela trazia no coração uma enorme languidez e uma inexplicável saudade, uma vez que – sem o saber –, reencontrara patrimônio custoso de sua própria alma.

Ptolomeu I Soter extinguiu-se da vida física no ano 283 a.C., deixando no coração do povo que o reverenciava grande reconhecimento, passando a ser considerado pelos egípcios uma divindade.

Afirma a Escritura Apostólica: *"De modo que nem o que planta é alguma coisa, nem o que rega, mas Deus, que dá o crescimento... Porque de Deus somos cooperadores; lavoura de Deus, edifício de Deus sois vós"*.

O propósito do Excelso Governador da esfera terrena se cumprirá, unicamente, com a reunião de seus discípulos unidos em filei-

[13] *Monumentais mausoléus egípcios construídos pelos faraós para imortalizar os seus feitos, a sua pessoa e a sua família.*

ras, abraçados pela Lei da Fraternidade Universal, conforme a expressão do mesmo servo asiático do Cristo. Somente assim cada qual poderá bem servir à Sua Causa Divina.

"Os desígnios de Deus não repousam nas mãos de um só homem". Essa sublime mensagem foi transmitida ao incomparável Codificador da Doutrina Espírita, Allan Kardec, pelo Espírito Verdade. Em nenhuma circunstância deve o espírito desperto vangloriar-se de suas capacidades e colocações, meramente temporais, pois que na maioria das vezes as tem direcionado sem sabedoria e inspiração superior.

O fio da evolução é composto pela maravilhosa diversidade de talentos: um começa o que o outro terminará; o outro continuará o que um deixou! Entretanto, elevar-se-á nos Altiplanos da Vida o padrão íntimo com que se desenvolvem as ações dos chamados ao serviço! Recorde-se cada um, permanentemente, de que incontáveis desgraças morais, mortes e misérias têm sido alvitres das grandes mentes e de soberbos governantes!

II
O Mouseion de Alexandria

"Mas a manifestação do espírito é dada a cada um, para o que for útil."
(Paulo – I Coríntios, 12:7)

"A marcha para o Cristo é feita igualmente por fileiras. Todos devemos chegar bem; entretanto, os que se desgarram têm de chegar bem por conta própria."
(Francisco Cândido Xavier/Emmanuel, "Paulo e Estevão")

Como precisar o momento exato em que o antigo guerreiro se mesclaria com o mental?... Contudo, seria nesta ocasião que os grandes atributos trazidos de lugares distantes do planeta emergiriam dos arcanos espirituais do general Ptolomeu Soter. De agora em diante, palmo a palmo, através dos incontáveis séculos – na mesma alma – o mental dominaria o militar, sem que deste último se perdessem as valiosas experiências e atributos. Com o suporte do sábio Demetrius de Phalère, o Faraó Ptolomeu Soter resolve fundar uma gigantesca biblioteca.

A Célebre Biblioteca ou Mouseion começou a ser edificada na mais bela vizinhança da nova capital do Egito, Alexandria – fundada pelo Rei Alexandros numa elevação no braço Canópio do Delta do Nilo, num istmo, dividindo o Lago Mariótis e o Mediterrâneo –, nas cercanias do porto principal no flanco esquerdo da deslumbrante península, no mesmo local em que construiu o Palácio Real, nítida representação da importância que o faraó atribuíra à empreitada.

Para além dos inúmeros livros que Demetrius e Ptolomeu I adquiriram para a biblioteca, seu acervo incrementou-se por determinação de grandes sábios e literatos da época, a exemplo dos saltérios[1] do filólogo Dídimus[2], que compunham cerca de três mil e quinhentos tomos de apontamentos. Entretanto, o acervo literário acumulado por Ptolomeu I na Biblioteca de Alexandria aumentaria expressivamente nos dois reinados seguintes. Ptolomeu III, o Evergeta, seu neto, que reinaria entre os anos 246 e 221 a.C., utilizar-se-ia de diferentes procedimentos para conseguir valiosos resultados. Desta feita, as embarcações mercantes ancoradas no rumoroso porto de Alexandria seriam inspecionadas por ordem do soberano e os livros encontrados seriam arquivados, analisados

---

[1] *Hinário de Israel, isto é, os 150 salmos, segundo os tradutores gregos do Velho Testamento.*
[2] *Filólogo grego que viveu entre o ano 398 e 313 a.C.*

e reproduzidos. O Faraó Ptolomeu III solicitaria de Atenas os manuscritos originais ou cópias oficiais das grandes tragédias de Ésquilo, Sófocles e Eurípides. No entanto, tão expressiva riqueza cultural não seria inicialmente dada por direito pelos atenienses. Unicamente depois que Ptolomeu desse em garantia quinze talentos ao povo grego – uma significativa soma em ouro –, aceitariam emprestar as obras. Todavia, o faraó invalidaria o compromisso retendo os preciosos manuscritos, muito mais custosos para ele do que o próprio ouro. Assim, conservando os originais na Biblioteca de Alexandria, despachara para os atenienses reproduções oficiais, o que ocasionaria enorme tumulto nas relações políticas entre os dois países.

A Biblioteca, ao longo dos séculos, conservaria tudo o que a literatura grega produziria em termos de ciências, artes, filosofia, astronomia e muitos outros capítulos. Posteriormente, as obras dos escritores estrangeiros – em suas próprias línguas pátrias – passariam a integrar o montante da biblioteca, sendo gradativamente traduzidas para o grego. O antecessor do Evergeta, o Faraó Ptolomeu II Filadelphus, que reinaria entre os anos 283 e 246 a. C, fielmente integrado ao programa de seu pai, seguiria colecionando valiosos livros. Dentre os preciosos volumes estrangeiros adquiridos, destacara à confraria dos competentes lingüistas do Mouseion, com extrema prioridade, a tradução dos Livros Sacros dos Judeus, que receberiam o novo nome grego de Septuaginta. Para atender tal exigência, convocara setenta e dois sábios judeus – meia dúzia para cada uma das doze tribos judaicas –, ordenando-lhes a tradução das Sagradas Escrituras para o idioma dos lagídios. Entretanto, tão grande façanha levaria séculos para se concretizar, sendo unicamente o Pentateuco finalizado no mesmo século do início da empreitada. Os Livros dos Profetas e os Salmos o foram no Século II, e o Eclesiastes, no Século I da Era Cristã.

A completa devoção espiritual de Ptolomeu II ao propósito

de compreensão mais profunda das Escrituras Mosaicas, que o fascinavam desde séculos remotos, alongar-se-ia pelos incontáveis séculos, passando da simples assimilação literal para o entendimento transcendente dos textos. A Dinastia dos destemidos e intelectuais Ptolomeus, responsáveis espirituais, em seu tempo, pela disseminação do conhecimento e da religião, permitiram que o Mouseion concentrasse a mais primorosa coleção de livros da Antiguidade. A Biblioteca de Alexandria atingiu o montante de setecentos mil volumes, tornando-se os seus espaços insuficientes para acomodálos. Assim sendo, o Serapeion ou Templo de Serápis fora transformado igualmente em anexo da biblioteca.

Demetrius de Phalère, assim como Ptolomeu Soter, contemporâneos e estreitos amigos de Aristóteles, desde o palácio de Felipe II, colocaram a salvo as obras do notável mestre grego. Demetrius, experimentado orador público, fora aclamado governador de Atenas no ano 317 a.C., administrando-a com eficácia durante dez anos. Rígido legislador, promoveu o desenvolvimento na metrópole e impôs leis rigorosas, com favoráveis reflexos no tempo. Alma sábia, posteriormente seria exilado da Grécia quando passaria a dedicar-se exclusivamente à literatura. Nesta ocasião, o Faraó Ptolomeu Soter o convidaria a instalar-se em Alexandria. No entanto, em tempo futuro, seu filho, Ptolomeu II, exilaria o extraordinário político e literato em Busiris, no próprio Egito, onde se extinguiria para a próspera experiência física. Demetrius tornar-se-ia notável para a posteridade egípcia como patrocinador nacional das ciências e das artes, com a legitimação do Rei Ptolomeu I.

Apesar do irreparável afastamento do literato grego, o sucessor dinástico prosseguiria nos investimentos em prol da biblioteca, ao mesmo tempo em que se capacitava no estudo das ciências, principalmente interessando-se pela pesquisa entomológica[3].

[3] *Relativo à entomologia: ramo da zoologia que estuda os insetos*

Titulou o grego Zenodotus, nascido em Éfeso, como bibliotecário-mor. Depois disso, uma sucessão de gabaritados bibliotecários, através de séculos, ampliou o estoque da biblioteca, que já acumulava incontáveis pergaminhos, papiros, belíssimas ilustrações e documentos magníficos, aos quais, no futuro, seriam adicionadas informações sobre culturas adversárias, de maneira especial, a romana.

As lastimáveis pilhagens ao longo dos tempos oferecem-nos uma avaliação segura da valiosíssima coleção resguardada em Alexandria, não somente pelos clássicos gregos, mas especialmente pelos manuscritos místicos do remoto Egito.

Um sacerdote babilônio de Bel Marduk, chamado Berose, refugiado na Grécia, legaria ao Mouseion seus emblemáticos compêndios. Berose vivera na mesma época de Alexandros, afeiçoando-se a Ptolomeu I desde tais dias. O sacerdote fora, ao mesmo tempo, notável historiador, cientista e astrônomo: inventou o relógio de sol semicircular, elaborou a teoria dos conflitos entre os raios da lua e do sol, antecipando os estudos mais modernos sobre a interposição da luz.

A Biblioteca de Alexandria, igualmente, conquistara as teorias do sacerdote egípcio Manethon. O professor e historiador, assim como Berose, fora contemporâneo do faraó Ptolomeu e de seu sucessor e era detentor de secretos conhecimentos iniciáticos dos ancestrais sacerdotes egípcios. Por esta razão, passara a ser reconhecido pelas gerações posteriores como "O Amado de Tuth" ou "O Retentor da Verdade de Tuth". Na realidade, Manethon recapitulava antigas e valiosas experiências reencarnatórias no solo egípcio e, além do conhecimento inato, fora discípulo de velhos sacerdotes, tornando-se bastante sábio. Notadamente dominava tudo o que se referisse à sabedoria e religiosidade do Ancestral Egito: interpretava a escrita hieroglífica, conhecia os mistérios dos cultos iniciáticos e comunicava-se com os espíritos. Deixou ao Mouseion mais de quarenta rolos de pergaminhos, que continham todos os mistérios iniciáticos dos egípcios, assim como apontamentos sobre o livro sagrado da "Sabedoria de Tuth".

O historiador fenício Mochus, a quem se atribui a invenção da "Teoria Atômica", presenteou a biblioteca com manuscritos indianos incomparavelmente caros. O referido período evolutivo nas extensões terrenas de Alexandria fora fecundo, unindo almas grandemente afins e experimentadas.

As instalações do grande museu dividiam-se em organizadas alas e grandes salas. Existiam sessões específicas para os manuscritos de "Ciências Matemáticas", outras para os de "Ciências Naturais" e para os de "Ciências Espirituais", todas as obras esquadrinhadas num fichário geral.

Foram sugeridas várias hipóteses para os saques hediondos ao grande acervo egípcio e da Humanidade, contudo, esclarecemos que tais disposições partiam, sobretudo, de falanges espirituais inferiores coniventes contra a disseminação do conhecimento intelectual e espiritual para as coletividades do planeta. Tais legiões, compostas de espíritos muito inteligentes e adestrados, titulavam-se "Hostes Negras".

Assim, explicam-se as razões pelas quais determinados sacerdotes egípcios, apaixonados e fascinados por essas inteligências nocivas, preferiram atear fogo às preciosas obras em lugar de deixá-las aos cuidados dos romanos. A Imperatriz Zenóbia, o Imperador Diocleciano, assim como os mouros, foram simples instrumentos destas armadas incorpóreas, presunçosas e egocêntricas.

O imperador romano alegaria aos seus contemporâneos a necessidade urgente de destruir os abomináveis manuscritos de Alquimia e os livros nocivos de magias que, segundo Diocleciano, unicamente contaminariam as idéias populares. Dentre eles estavam os remanescentes apontamentos de Pitágoras e de Hermes Trimegistus.

Por sua vez, os muçulmanos, que também avançariam posteriormente sobre o acervo inestimável, justificariam a perversa apropriação protestando não necessitarem de diversos livros, enquanto possuíam o Alcorão. Assim sendo, a deplorável destruição ocorrida no ano 646 d.C. focalizara não exclusivamente "os manuscritos malditos", mas o conjunto dos preciosos livros. Todo aquele que se dedicar à pesquisa profunda da evolução social em suas bases políticas, científicas e espirituais, sob a ótica espírita, identificará inabalável e sublime consistência entre os seus vários marcos históricos, a desvendarem uma elevada programação, em prol da ascensão para as coletividades humanas.

O célebre historiador muçulmano Abd al-Latif, que viveu entre os anos 1160 e 1231 d.C., após os seus notáveis exames particulares, com propriedade revelaria ao público que a Biblioteca de Alexandria, quando atingida pelas chamas mouras de Amr ibn-el-As, agindo sob as ordens do Líder Omar, o Vencedor, fora alvo de um rancor espiritual antagônico, associado às inclinações do perturbado general árabe.

Omar contrapunha-se, radicalmente, a que se escrevessem livros muçulmanos, vangloriando consecutivamente o infeliz princípio moral: "O livro de Deus é-me suficiente".

Igualmente, com inspiração superior, um cônsul francês no Cairo, ao final do Século XVII, anotaria: "A antiga grandiosa Alexandria é uma cidade praticamente abandonada e sem qualquer vivacidade. Dos poucos habitantes, a maioria são impostores, e, diuturnamente, ocultam-se em seus esconderijos, nas ruínas das construções abandonadas. Pressinto a probabilidade de que alguns livros sobreviveram ao incêndio do ano 646, uma vez que não estavam em Alexandria no período do trágico acontecimento. Por exaustivas pesquisas, acredito que foram retirados por uma tenebrosa 'Ordem', contudo ainda desconhecida."

Comprovamos que a referida "Ordem", detectada por diversos pesquisadores e historiadores terrenos, cujas forças encontravam-se no plano indevassável da vida, não desejava que certos manuscritos – no original ou em cópias –, especialmente aqueles que descrevessem as lendárias civilizações anteriores ao Egito e os conhecimentos espirituais das ascendentes Escolas Iniciáticas se propagassem.

Os consecutivos extermínios foram de tal monta, que os arqueólogos, antigos e contemporâneos, permanecem desconhecendo como se seguiu o desenvolvimento da História do Egito, desde a sua inexplicável e assombrosa ascensão do Neolítico às soberbas dinastias, repletas de superiores conhecimentos científicos, intelectuais e espirituais. Tal estagnação, na combinação das investigações sociológicas, reflete a falta de informação dos cientistas da atualidade, no que diz respeito ao conhecimento espiritual. Vários deles, desmedidamente, cheios de seu próprio orgulho intelectual, não aceitam a possibilidade de outros mundos habitados na imensidão cósmica, assim como desprezam a existência espiritual, onde persistem as individualidades em estados indescritivelmente mais adiantados do que os apreciados na Terra.

Os mais sensíveis às Verdades Superiores sugerem a possibilidade de terem vivido, anteriormente, civilizações mais sábias e desenvolvidas, cujos indícios desapareceram para sempre... A Biblioteca de Alexandria, no acervo de seus registros, papiros e livros, possuía diversificados e autênticos apontamentos sobre tais sociedades.

Apesar das investidas da ignorância e do mal, a evolução é o propósito do Sublime Governador do planeta, Jesus Cristo, para as sociedades mundiais. A Doutrina Espírita vem revelar que nada há de misterioso, mostrando com lógica e naturalidade uma população terrestre composta por espíritos imortais, caminheiros do progresso, vivendo, principalmente, em patamares ainda primários de desenvolvimento... Do mesmo modo, elucidam os orientadores superiores que o mundo resguarda em seu conglomerado de almas aquelas criadas nele mesmo, os naturais do planeta, convivendo com outras classes de espíritos, uns mais adiantados, outros ainda mais primitivos[4].

Com propriedade afirmara o mensageiro do Evangelho de Jesus Cristo ao mundo greco-romano: "Mas a manifestação do espírito é dada a cada um, para o que for útil". O trabalho cooperativo em prol da auto-redenção da massa planetária é competência individual e inadiável, afeta a cada espírito, principalmente depois de conhecer a Mensagem consoladora do Espiritismo Evangélico. Jamais o Cristo abonou destaques ou privilégios dentre os matriculados para o aprendizado necessário no Educandário Abençoado da Terra, haja vista que Ele próprio nunca desejou os reinos transitórios do mundo, mas destacou a grandeza do "Reino de Deus".

Há incontáveis fileiras de profitentes da Fé Raciocinada que somente abrangem evolução e aquisições espirituais superiores fundamentadas em bases de sofrimentos amargos... Deploravelmente, incontáveis permanecem co-relacionando progresso interior legítimo e conhecimento espiritual iluminativo às reencarnações em padrões de misérias, penúrias e enfermidades intensamente cruéis. Com pesar, notamos – do plano em que atuamos –, que se tornou sinônimo de escárnio e dúvida a revelação de que determinados espíritos encarnados, não raro sofredores e em resgates dificílimos, pertenceram a uma destacada linhagem de remotos monarcas ou famosos literatos nas extensões da esfera física, correspondendo a

[4] ***O Livro dos Espíritos**, Segundo Livro (Do Mundo Espírita ou Mundo dos Espíritos), Capítulo I (Dos Espíritos) – Sub-temas: "Diferentes Ordens de Espíritos" até "Anjos e Demônios."*

severos compromissos espirituais... Diversos médiuns notáveis têm sido levados a ocultar tais manifestações, que significariam, na opinião da ignorância, unicamente arrogância e privilégio.

Meus irmãos, as manifestações espirituais são dadas a cada um para a edificação do que for proveitoso, afirmou o destemido servidor do Cristo, Paulo de Tarso. Utilize cada qual as suas competentes aptidões para o bem geral e para o auto-engrandecimento, jamais julgando que submissão, renúncia e amor ao próximo devam necessariamente caminhar junto a sofrimentos, provações e misérias; assim como arrogância e vaidade não permanecem constantemente atreladas às ações e intenções íntimas de espíritos convocados aos grandes compromissos sociais... Promanam tais desembargos dos Altos Planos Espirituais, em penhor da Humanidade e de cada individualidade, que deve acatar os competentes deveres espirituais em qualquer conjuntura e posição na Terra.

Pobre do homem que, após as lutas milenares, as quedas e aflições inenarráveis, permaneça conjugando autêntica humildade a pés descalços e arrogância a cetro e trono!

Reconhecemos, que, por enquanto, a ótica espiritual tortuosa e os equívocos persistentes do comportamento, pesarosamente, continuam fazendo vítimas, assim como interferindo no magnífico processo de crescimento para Deus, projetado para todas as almas.

III
Passados Três Séculos

"Por isso, celebremos a festa, não com o velho fermento, nem com o fermento da maldade e da malícia, mas com os ázimos da sinceridade e da verdade."
(Paulo – I Coríntios 5:8)

"Cobiçamos ganhos especiais para nós mesmos, queremos gozar de privilégios que ninguém mais possa partilhar conosco. Contudo, todas as coisas que são absolutamente especiais devem manter uma contínua pugna contra aquilo que é geral. Em tal estado de guerra civil o homem sempre vive atrás de barricadas, e em qualquer civilização egoísta os nossos lares não são verdadeiros lares, mas barreiras artificiais que nos rodeiam."
(Rabindranath Tagore[1], "Sadhana – O Caminho da Realização")

[1] *Poeta, literato e filósofo indiano nascido em Calcutá, em 1861, morto em Bengala, no ano 1941.*

– Casca! Servilius Casca! – chamara em tom fantasmagórico um vulto coberto num espesso manto detrás dos portais da residência do conhecido magistrado.

– Por quem sois? Quem invade a minha residência valendo-se da escuridão da madrugada? – replicara Servilius, saltando do leito com os olhos arregalados e tomando de um agudo punhal.

– Aquietai-vos ou despertareis a atenção para os nossos movimentos! Abri imediatamente. Sou eu, Marcus Iunius!

O homem no interior do dormitório, respirando aliviado, lançara longe o punhal e, como a recobrar a lucidez após o inesperado despertamento, destravara a porta.

– Afinal, Servilius! Parece-me que vos esqueceis da urgência de nossas clandestinas ações marcadas para curto tempo! Não consegui conciliar o sono um momento sequer! – confessara o recém-chegado despindo-se da mantilha e atirando-se num assento, enquanto levava as mãos à fronte secando o suor, como a julgar da gravidade de suas decisões.

– Como me esquecer, Iunius? Planejei cada pequeno detalhe em minha mente antes de adormecer. Igualmente refleti quanto aos agravantes que enfrentaremos depois do fato consumado!

Levantando-se calmamente do assento, Marcus Iunius tomara uma feição estranha e dissera em tonalidade fúnebre:

– Ontem confabulava com Cornelius Cinna, nosso fiel companheiro, sobre os perigos a que ficou exposta a República Romana depois dos ideais políticos herdados por meu pai e de seu revolucionário tio, Caius Marius. Há anos os conspiradores pretendem resgatar, integralmente, a Monarquia, insultando o Senado. Se muitos foram dispersos, atualmente meu pai conta com o apoio de seu grande aliado, o general Antonius, que teve o disparate de coroá-lo em público! Felizmente agora distante de nossos empenhos, como governador na Região da Anatólia... Além disso, a recente coligação de meu pai com a governante do Egito, não só consolidando uma liga política, mas também firmando com ela estreitos laços pessoais, desgastou o Corpo Senatorial e o Patriciado[2]. É evidente que ela utiliza-se de faculdades misteriosas, envenenando-o com as suas opiniões revolucionárias e perturbando-lhe, decisivamente, a reflexão! Injuria escandalosamente a estirpe romana trazendo-a para a capital, depois de contrair um matrimônio segundo as condenáveis tradições estrangeiras, muito embora esteja ainda casado com a infeliz Calpúrnia... Para agravar os estragos, a egípcia acaba de dar-lhe um herdeiro! Jamais respeitaremos essa forasteira, que utiliza tenebrosas magias para tomar o poder e submeter as nossas tradições! Quanto ao meu pai, nunca será titulado *Rex Maximus*[3], principalmente, sustentando-a a seu lado!

– Sem dúvida, Iunius! As reformas políticas e os favorecimentos concedidos ao povo por vosso pai, em detrimento dos nobres, seriam suportáveis se a crescente estima por seu sucessor bastardo não colocasse em perigo o futuro de nossa Roma. Hoje, felizmente, Licinius Crassus e Lucius Sergius Catilina, seus fortes aliados desde o antigo Partido Popular, encontram-se definitivamente afastados. Assim sendo, as coisas tornam-se bem mais fáceis! O Senado precisa reconquistar a sua liberdade com a restauração da República Aristocrática. O Patriciado deve unir-se para a proteção da *mos maiorum*[4], a qualquer preço, ainda que cabeças rolem para isso!

– Seguramente. Nosso aliado Gaius Cassius Longinus está a postos, aguardando a primeira assembléia dos senadores para agirmos. Aliás, tem sido ele o grande incentivador de nossa causa política! – anunciara Marcus Iunius, satisfeito, ao mesmo tempo em que se encobria novamente com o espesso manto, pronto para retirar-se.

---

[2] *Grupo ou classe dos que, por berço ou por concessão, detêm o prestígio dos títulos nobiliárquicos que significavam poder político; nobreza, classe nobre, fidalguia.*

[3] *Imperador.*

[4] *Tradição romana.*

– Ficai atento, Casca!

– Um momento, Iunius! Tenho feito muitos questionamentos sobre vossa exaltada indisciplina, juntando-nos à causa política, visto que é evidente a afeição que vos dedica o general Gaius! Pergunto-vos se sois verdadeiramente um patriota, que coloca acima de quaisquer apegos os bens da nação, ou se simplesmente escondeis um desejo de matar o pai, um vil traidor.

Esquecendo-se da quietude da madrugada e do segredo daquele encontro, Marcus Iunius propagara uma gargalhada pavorosa que fizera o corpo de Servilius arrepiar-se:

– Morrereis com essa desconfiança, meu caro! – E virando as costas, avançara pelo corredor rapidamente atingindo o pátio e, alçando-se ao dorso de seu cavalo, sumira na escuridão.

* * *

Respeitado por muitos de seus conviventes como o maior chefe militar que Roma já conhecera, o general Gaius, em pouco tempo, seria apontado como o responsável pelo assentamento do firme alicerce para a concepção do novo Império Romano. Grandemente popular entre o povo compatriota, respeitado pelos adversários políticos e temido pelos inimigos, Gaius conquistaria a Gália e a Bretanha, formando com o General Cnaeus Pompeius Sextus e o Capitalista Marcus Licinius Crassus, o "Primeiro Triunvirato". Uma vez banido, disputaria o poder com Pompeius, que possuía o apoio do Senado. Deposto da governadoria da Gália, receberia a intimidação de render-se, ocasião em que atacaria Roma. Triunfaria tomando a cidade e a Península Itálica. Em seguida invadiria vitoriosamente o Egito, em cuja capital permaneceria razoável tempo por ensejo de seu romance com a jovem governante daquelas terras, deixando com ela um seu herdeiro. Contudo, partiria de Alexandria no ano 47 a.C., para as regiões ao norte da África de modo a reprimir seus inimigos. Ato contínuo, atingiria a Ásia Menor, submetendo o Rei do Ponto, Farnaces. Elevar-se-ia à condição de Ditador na África e, na região hispânica, esmagaria os partidários de Pompeius. Novamente retornaria a Roma um ano depois das manobras militares. Ao fazê-lo, centralizaria a política, convencionando-a em novos códigos. O destemido general Gaius Julius Caesar privaria os senadores dos amplos poderes, ao mesmo tempo em que se elevaria à condição de Cônsul Vitalício e Ditador Perpétuo, titulações que lhe permitiriam exercer o *Imperium*: o pleno comando dos exércitos, em Roma e em todas as províncias.

..*

Retrocedendo aos dias correntes do ano 45 a.C. compreendemos as mencionadas disposições do general, que revoltavam enormemente um grupo de senadores que, sem poderes e testemunhando os privilégios de Gaius, tornavam-se insatisfeitos. Tudo isso, somado ao seu ruidoso romance com a governante do Egito, já vivendo com ele na capital, incitou um grupo de magistrados a planejar, às escondidas, o seu assassinato.

Na agradável Vila de Lavicum, propriedade do Cônsul Vitalício Gaius Julius Caesar, situada na vizinhança de Roma, num amanhecer do ano 44 a.C., já se instalava grande movimentação.

Em uma ampla câmara, três cuidadosas *comites*[5] auxiliavam a patroa a vestir-se. A dama de vinte e cinco anos mantinha-se tristonha e espantada, enquanto as camareiras prendiam os seus longos caracóis negros num gracioso penteado. Despachando com um sinal as demais criadas, a jovem senhora conservara uma de suas mais fiéis servidoras, de modo a desabafar:

– Charmion, tive uma noite atormentada, o que significa péssima previsão!

[5] *Criadas, damas de Companhia.*

A jovem que a penteava, buscando disfarçar os repentinos abatimentos desde a chegada ao solo romano, falara em tom otimista:

– Senhora, animai-vos! Tudo está bem! Nada maléfico poderá vos acontecer ou ao nosso precioso menino. O general não o permitirá!

– Gaius ostenta quase sessenta anos de existência, cara Charmion, consumidos quase que inteiramente nas batalhas e campanhas políticas, sem mencionar as revoluções praticadas aqui mesmo em Roma, que esgotaram drasticamente as suas energias. Não me iludo que a sua precária saúde não aturará muito tempo. Além do mais, os deuses têm me advertido das grandes ameaças que rondam as nossas existências.

– Se me permitis, Senhora, é meu dever ressaltar que, por outro lado, a maturidade concedeu ao nosso Cônsul a ponderação e a preciosa serenidade!... É autêntico que notamos em dias distantes os desvarios comportamentais de nosso estimado general, assim como deles obtivemos lamentáveis subsídios, antes mesmo de conhecê-lo... Contudo, atualmente, de posse da ponderada madureza, não se deixará enganar!

A jovem senhora, num fundo suspiro, arrematara:

– Acredito nisso, Charmion! Embora sempre tenha admirado as superiores qualidades militares de Gaius, sua grande inteligência e as insuperáveis habilidades marciais, ao contrário, nunca apreciei os abusos no vinho e o barateamento dos valores mais sagrados da sexualidade e do coração! Apesar disso, com extrema alegria e gratidão aos deuses, legitimamente notamo-lo bastante mudado. Suas excelentes qualidades superaram as distorções de caráter!

A dama de companhia, disfarçando o clima de grande preocupação e desgosto instalado na alma de sua querida patrona, falara com animação:

– Permiti-me vos recordar que ao entardecer ireis ao Templo

de Ísis para as oferendas. A deusa egípcia da maternidade vos garantirá a necessária proteção, como para o nosso pequeno príncipe. Afinal, o vosso sagrado nascimento também vos concedeu a promessa divina de Neathea: "rainha amada"! O supremo Amon jamais vos abandonará aos inimigos!

– Confio totalmente na prudência do maior deus de nosso Panteon, de tal modo na providência da amada deusa Ísis, muito embora o templo erguido por Gaius, em minha honra e de meu filho, tenha provocado tantas discussões... – a princesa egípcia emudecera repentinamente, com o olhar perdido no espaço, como a resgatar sagrados compromissos espirituais – contudo, a nossa devoção aos numes celestes se estende muito acima de tudo isso!

E, permanecendo submersa na quietude inesperada, a dama simplesmente parecia abandonar a mente ao sabor das idéias.

– Sabeis, estimada Charmion, que não amo a Gaius com a legítima dedicação do coração, como nunca amei a nenhum outro homem, parecendo-me a existência uma canção de solidão! Ao mesmo tempo, jamais me afeiçoei às tradições de minha descendência grega que, através de seus governantes lagídios, não soube respeitar como deveria os sagrados patrimônios religiosos da pátria egípcia, que nos acolheu há três séculos.

Com inteligência e vivacidade, a servidora aconselhara:

– Contudo, não devíeis vos censurar! O vosso constante conselheiro, o sábio Sosígenes, tem sido clarividente, instruindo-vos as ações! O Cônsul vos ofereceu a mão protetora nas horas difíceis em que a ambição de vossos familiares e a maldade dos conselheiros do fascinado Ptolomeu XIII avançaram contra vós em nossa distante nação... Não fora a intervenção de vosso inflexível aliado, o Conselheiro Dioiketes, talvez não mais vivêsseis! Se vos servistes do apoio do general, é sabido que ele, ao mesmo tempo, utilizou-se de vossa distinta ascendência sobre o povo egípcio e das riquezas de nossa nação! Evitai vos recriminar, Senhora, uma vez que reconheceis que o general não foi motivado exclusivamente por razões afetivas devolvendo-vos o trono egípcio, após derrotar o General Pompeius Magnus, assim como todos os seus partidários, espalhados pelas distintas possessões romanas... A respeito do que vos esclareceu o lente Sosígenes, favorecia à política orientalista de Roma possuir a estreita coligação do Egito, em lugar de submetê-lo como mera província romana, resolução que poderia dar a oportunidade de uma rebelião do Oriente contra o poderio romano. Para tanto, convinha, inclusive, eliminar vosso infiel irmão, de modo a sustentar-vos como aliada, absoluta, no comando.

– Boa Charmion, reconheço que a política, infelizmente, tem sido ao longo dos tempos um grande jogo de interesses, na maioria das vezes escusos! Jamais imaginaria possível a maldade de meus conselheiros Pothinus, Achillas e Theodotus, envenenando a mente frágil de meu pobre irmão, movidos por desprezível ambição... – depois de uma pausa, abismada, com o fitar perdido no vácuo, prosseguira:

– Igualmente papai encarou grandes lutas, vendo-se obrigado a pagar altos tributos a Roma, de modo a continuar administrando a terra amada do Egito... Lamentavelmente, percebo que sagrados sentimentos, valores familiares e ética política têm sido desprezados pela maioria dos conquistadores, governantes e generais. Como tenho lamentado a morte de meu pobre irmão, Ptolomeu XIII, que se deixou dominar pela esperteza e cobiça de nossos conselheiros, assim como pela astúcia de nossa infeliz irmã, Arsinoe, ambiciosa pelo poder. Jamais desejei a morte daquele que aturou a dividir comigo as grandes responsabilidades administrativas ligadas às nossas sociedades, conforme fora da vontade de nosso extinto genitor. Recebi o aviso de seu assassinato e de que o corpo deixou os seus últimos instantes flutuando sobre as águas do Nilo. Contudo, a afronta dos vinte mil soldados contra a minha pessoa, liderados pelos Conselheiros e meus irmãos, sem que eu nada pudesse fazer, expatriada na distante Síria, transformar-se-ia numa guerra contra o próprio domínio de Roma. Tenho convivido em Lavicum com os mais expressivos líderes do Senado e, ao mesmo tempo, com os cônsules mais distintos de Roma... Alguns me consideram como uma fábula, atacados de bizarra paixão, relacionando-se comigo e meu séqüito com profunda consideração. Confesso que, estranhamente, encontrei corações preciosos neste solo desconhecido, entretanto, bem rápido, tornar-se-ia evidente a antipatia instalada na alma da maioria.

A serva fiel, baixando a fronte, repassava quão esclarecedoras eram as ponderações de sua governante, concordando que foram imensas as dificuldades enfrentadas por ela nas terras romanas.

– De fato, senhora! Os caminhos de nossas almas são desconhecidos e somente pela compreensão das verdades espirituais – as quais conquistamos em nossas clausuras iniciáticas –, poderemos refletir com imparcialidade quanto aos nossos destinos na Terra. Ademais, a perspicácia espiritual de nosso pequeno príncipe, contando apenas dois aninhos, espanta-me! Às vezes me pergunto que segredos esta alma peculiar resguarda.

Os olhos da juvenil soberana resplandeceram num brilho emotivo à referência do precioso filhinho e, secando com discrição uma lágrima que pendera através da face, reconhecera:

– A minha peculiar percepção mental já me indicou que ele pagará um alto preço pelos meus atos desimpedidos! Apesar de extrema amargura de prever o infausto futuro do ente amado, confio firmemente nas determinações do grande Amon-Rá a nosso respeito nas vias terrenas.

– E fazeis bem, cara Senhora! Esquecei estas questões e depressa vos aprontai, de modo a receber vosso esposo que, a qualquer momento, despontará nos portais de Lavicum. Vede! A criadagem já está em completo alvoroço!

– Seguramente, Charmion! Ide buscar o nosso querido Ptolomeu, sem demora!

* * *

Não demoraria muito para o Cônsul Gaius, acompanhado por seu numeroso cortejo, chegar à sua magnífica estância onde se instalava a sua esposa estrangeira e seu pequeno herdeiro.

Atravessando suntuosos pátios rodeados por colunas, avançara por um salão belamente ornado e alcançara um amplo vestíbulo interno, graciosamente ajardinado e florido, ornamentado de grandes altares ostentando cálices de ouro, arranjos de frutas variados, iguarias requintadas e vinho de boa safra.

Cumprimentando a esposa com um beijo na fronte, em seguida suspendera nos braços o filho, a quem apertara num prolongado e melancólico abraço:

– Salve, "Pequeno Caesar"! Como o meu príncipe passou este dia?!

A companheira, retribuindo a cordialidade, saudara:

– Salve, *Rex Maximus*! Alegramo-nos em vos rever!

O Cônsul, sorrindo com descontração, depois de corresponder prazerosamente a todos os cumprimentos, ajustara-se a uma acomodação em meio ao jardim. Sorvendo prazerosamente uma taça de vinho, beliscava algumas uvas, sendo rapidamente circundado por seus acompanhantes a entreterem-no com assuntos relativos às suas idéias políticas.

Enquanto combinava com os seus afeiçoados, Servilius Casca, Lucius Tillius Cimber, Caius Cassius e seu sobrinho Caius Octavius Thurinus, o seu pérfido filho, Marcus Iunius, deslocara-se sorrateiramente para outro setor da vivenda na busca dos passos da formosa esposa de seu pai, a qual lhe tirara o bom senso.

Encontrando-a num terraço particular com seu filho e algumas criadas, invadira-o sem reservas, ordenando que fossem deixados a sós, pretextando tratar assunto inadiável:

– Princesa, perdoai-me a invasão sem anúncio, porém necessito discutir assunto demasiadamente importante.

Alarmada, embora sem o demonstrar, a querida filha de Ptolomeu Aulettes, apenas cumprimentara balançando a cabeça com aspecto nobre.

– Todos sabemos das adversidades que enfrentais em Roma e da grande hostilidade de senadores e patrícios contra a vossa pessoa, situação que meu pai julga dominar...

Antes que o magistrado prosseguisse, a jovem interrompera-o bruscamente:

– Se a vossa visita, Marcus Iunius, possui o objetivo da advertência, sabeis que conheço suficientemente as dificuldades às quais me exponho; se, por outro lado, atende à finalidade de oferecer-me apoio, compreendeis que a vossa mão é a última que tomaria no sentido de qualquer aliança!

Marcus ficara pálido, imediatamente, depois sentindo as faces queimarem de raiva.

– E não é só, Iunius! Não necessitaria tanta perspicácia para perceber as vossas dissimuladas intenções com relação à minha pessoa desde que aportei em Roma. Contudo, como jamais tivestes o ensejo de vos aproximardes, desprezais e enxovalhais o nome de quem não podeis possuir!

O jovem militar, com o peito estourando, e ultrajado em seu orgulho, ficara perplexo, porquanto nunca poderia supor que a forasteira devassasse os seus sentimentos e propósitos.

– Ora, ora! Percebo que sois, de fato, uma poderosa sacerdotisa, que supõe adivinhar as secretas intenções alheias. No entanto, devo dizer que estais bastante equivocada!

– Falais com verdade quando me chamais de adivinha! Possuo, legitimamente, o dom de prever o futuro, assim como o de avaliar os sentimentos daqueles que se aproximam de mim e dos meus, prática tão comum em vossa cultura através dos *arúspices*[6] romanos.

Certa de que se encontrava diante de um inimigo persistente, a esposa de Gaius continuou resoluta:

– Nunca me enganastes, Marcus Iunius! Somente não descrevi ao vosso pai a vossa sórdida personalidade, por consideração à idade dele e aos valores e sentimentos nos quais ele fielmente acredita!

Iunius, completamente transtornado, não poderia imaginar que aquela fascinante mulher possuía personalidade muito mais possante do que poderia calcular, assim como uma perspicácia a toda prova. Não hesitava que o seu coração seria, para ele, inatingível, por isso mesmo, com maior veemência, a idéia da rebeldia tomara posto em sua mente.

– Pois bem! Não me permitistes sequer expor um de meus argumentos. Assim sendo, solicito a vossa licença para retirar-me!

– Fazeis bem, Marcus Iunius! Advirto-vos, ainda, examinar com bastante atenção a vossa valentia, percebendo que muitos têm assinado com as próprias mãos a certeira sentença de morte! – ameaçara a dama em tom altissonante.

O oficial estremecera por dentro, grandemente impressionado com a firmeza da princesa egípcia. Fora atrás dela na intenção de suborná-la com promessas de poder e prestígio, fascinado por seu irresistível carisma, convicto de que o velho pai pouco tempo aturaria na terra. Entretanto, fora ela quem o surpreendera, extrema e inesperadamente... Sentia-se humilhado e injuriado...

[6] *Sacerdote, místico na Roma Antiga.*

Gaius dispensara dois dias na fazenda de Lavicum com seus acompanhantes. Depois disso, despedira-se da esposa beijando-lhe a fronte e a do pequenino filho com uma terna carícia, sentindo uma estranha nostalgia na alma.

Enquanto a comitiva afastava-se através da longa via, sob os olhos da juvenil dama, uma revoada de gralhas rasgou os espaços azuis sobre a vila, sem fazer um único ruído...

Alçando o olhar para o espaço infinito, a princesa lagídia imediatamente pressentira desastrosos acontecimentos.

IV
Lei Humana e Código Divino

"Digo-vos que de toda palavra frívola que proferirem
os homens, dela darão conta no dia do juízo;
porque por vossas palavras,sereis justificado e,
por vossas palavras, sereis condenado."
(Jesus – Mateus, cap. 12, 36 e 37)

"Os inimigos possuem uma grande utilidade;
mostram-nos os defeitos e dizem-nos as verdades.
São mestres aos quais nada pagamos
e através dos quais a Lei se cumpre."
(Plutarco[1])

---

[1] *Historiador grego e filósofo platônico nascido em Queronéia por volta do ano 45 e morto aproximadamente em 120 d.C..*

O dia quinze de março do ano 44 a.C. surgiria trazendo tenebrosas expectativas. O Cônsul Vitalício, Gaius, que implementara significativas conquistas para Roma, sendo bastante estimado pelo povo romano, adentrando o Senado, naquele amanhecer, sem o saber, marchava em direção à sua própria destruição.

O general, além de extraordinário estrategista e competente político, fora homem de ampla cultura. Dominava Lingüística, Filosofia e Gramática, como confirmariam os seus escritos à posteridade dos tempos. Dentre as suas principais obras permaneceriam: "*Commentarii de Bello Galico*" (Comentários Sobre a Guerra aos Gauleses), escrita no ano 51 a.C., e "*Commentarii de Bello Civili*" (Comentários Sobre a Guerra Civil), sua última obra, datada do ano de sua morte, 44 a.C.. Gaius fora discursador convincente e grandioso questionador. Fragmentos de suas orações contra Cicerus o evidenciariam num futuro distante. O grande militar romano deixaria à eternidade inumeráveis feitos: cessara a terrível Guerra Civil, que destruíra a capital romana com grandes desastres, implementara incontáveis obras públicas e equilibrara o tesouro de Roma. Combatera o excessivo luxo e o desregrado desperdício econômico das classes mais ricas, assim como obrigara aos proprietários de terras empregarem os libertos, promovendo, ao mesmo tempo, a fundação de várias colônias. Reformara o Calendário Romano, com a contribuição do sábio egípcio Sosígenes, oferecendo o seu próprio nome ao sétimo mês do ano e introduzindo um ano bissexto a cada quatro anos. O General unificara o mundo romano, à maneira que fizera na Macedônia o compatriota de sua esposa, Alexandros III. Autorizara o ingresso de gauleses no Senado Romano, ao tempo que pessoalmente nomeava os governadores. A expansão romana fora significativa em sua gestão.

Tão logo atingira o interior do Senado, percebera-se cercado por um grupo de magistrados com olhares sombrios, não conseguindo atinar com o que acontecia. Não chegara a pronunciar uma palavra, quando o traiçoeiro Lucius Tillius Cimber, que privara de sua intimidade diversas ocasiões, segurara-o pelos ombros, enquanto Servilius Casca, por detrás, atravessara o antebraço sobre seu ombro e enterrara-lhe o punhal na garganta, imediatamente imitado pelos demais rebelados, que fizeram cerca de vinte e três perfurações no corpo do indefeso cônsul. Antes de tombar mortalmente ferido, jorrando sangue por severas rupturas na virilha e no peito, propagara com voz rouca, a pergunta que se tornaria célebre: "*Ista quidem vis est*?!"(O que significa esta agressão?!).

Sem conseguir acreditar nos próprios olhos, que já mergulhavam na escuridão, distinguira o semblante do filho entre os traidores, conseguindo apenas pronunciar como últimas palavras: "*Tu quoque, Brute, filii mei!* (Tu também, Brutus, meu filho!). As extremas palavras balbuciadas pelo notável Cônsul Gaius Julius Caesar incorporar-se-iam ao imaginário popular pelos tempos afora. Consumava-se, após séculos, o acerto de contas daquela alma comprometida, ante as Leis Superiores, por meio de um dos mais execráveis procedimentos a que se pode ter um coração nas vias terrenas: o assassínio dos próprios pais. Ainda que deficientes, viciosos ou tiranos, recomendaram os Mandamentos Mosaicos, reafirmados por Jesus Cristo aos espíritos em experiências multimilenares no Educandário da Terra: "*Honrai a vosso pai e a vossa mãe e amai ao vosso próximo como a vós mesmos*"[2].

Na vila de Gaius, nas cercanias de Roma, a notícia do assassinato chegara rapidamente. Charmion, a inseparável e leal companheira da dama de ascendência grega, recebera das mãos de um mensageiro esbaforido uma breve nota. Entrara apressadamente no quarto de sua senhora, encontrando-a em companhia de Cebina

---

[2] *Jesus – Mateus, cap. 19:19.*

e Iras, outras duas constantes criadas. Com a fisionomia mortificada e os olhos arregalados, Charmion anunciara:

– Cara Senhora! Acaba de chegar da cidade a informação de que o Cônsul Gaius acabou de ser barbaramente morto numa terrível conspiração do Senado. Vede a mensagem!... Os líderes eram os seus mais próximos companheiros, dentre eles o próprio filho, Marcus Iunius, junto a Servilius Casca, Gaius Cassius Longinus, Brutus Albinus, Julius Cornelius Cinna e Lucius Cimber, pelo que o portador me informou!

Atônita, a jovem patroa que já previra o tormentoso acontecimento ordenara:

– Escutai, Charmion, notificai a todos que partiremos imediatamente para Alexandria! Iras, depressa! Coordenai a arrumação de todas as coisas!

Refreando o pranto prestes a explodir, confirmara em tom acre para o próprio coração: "Pelo menos, comprovaram-se os meus pressentimentos quanto à personalidade vil de Marcus Iunius!"

– Cebina, depressa, trazei-me o pequeno Ptolomeu. Desejo-o debaixo de meus olhos até partirmos. Além disso, estejam todos atentos quanto a estranhos rondando Lavicum. Ordeno que redobrem o número de guardas nas sentinelas e entradas da vila e que ninguém entre na propriedade sem a minha autorização!

– Perfeitamente! – garantira Cebina partindo apressadamente, enquanto a princesa lagídia permanecia dominando a forte comoção.

Em pouco tempo, o suntuoso cortejo egípcio retornava a Alexandria para sempre, carregando dentre os seus membros o pequeno menino de descendência romana, filho do General Gaius, a quem o pai carinhosamente fizera chamar: "Pequeno Caesar".

..*

Não demoraria muito para a notícia da infeliz ocorrência chegar ao conhecimento do governador Marcus Antonius, instalado na Lídia, porção da Anatólia incrustada a leste da Frígia e ao sul da Cária, limitando a oeste pelo Mar Egeu e ao norte pelas terras da Mísia. Abalado, o fiel aliado de Gaius partira o mais rapidamente possível para Roma para inteirar-se dos acontecimentos, profundamente preocupado. No íntimo, nutria o ardoroso desejo de fazer justiça por qualquer meio.

O General Antonius chegara a tempo de não permitir que os rebeldes e assassinos do Cônsul Vitalício assumissem o poder, junto a Lucius Pisão. Inflamara a população romana contra os criminosos numa acalorada preleção na qual lera o Testamento do Cônsul, tirado à força do domínio da "Grande Vestal"[3]. Em um discurso, que se tornaria célebre, informara a enorme estima e fidelidade do general Gaius aos bens maiores da sociedade romana, para cujos cidadãos deixava trezentos sestércios por pessoa, assim como terras à margem do Tibre. Tão convincente fora em seus argumentos que imediatamente conquistara a estreita confiança da coletividade, muito embora tramando que também a viúva estrangeira e o filho do falecido militar tomavam para si parte da herança e poder sucessório.

Enquanto isso, Cassius escapara sorrateiramente para a Síria; Marcus Iunius fugira para a Macedônia e Albinus escondera-se na Gália Cisalpina, onde mais tarde Antonius o cercaria em Módena. A Cassius e a Iunius, o governador encontraria sem pressa, castigando-os num oportuno momento na Macedônia, sem qualquer chance de clemência. Ambos, diante do cerco vingativo de Antonius, atentaram contra as próprias vidas.

Diante dos novos e inesperados acontecimentos, o conceituado senador e orador Cicerus apressara-se indicando, diante do Sena-

---

[3] *Sacerdotisa consagrada à deusa romana Vesta e encarregada de velar pela pira sagrada e perpétua, no altar da divindade.*

do, o sobrinho de Gaius, Caius Octavius Thurinus, de modo a suceder o tio morto, o que fora imediatamente aceito pela Cúpula de Legisladores. Os magistrados, depois de conter tantos conflitos, desejavam um comportamento menos hostil e mais acessível à frente da nação, visto que jamais concederiam grande crédito às ambições políticas de Octavius.

Entretanto, o jovem Caius Octavius, temeroso do grande prestígio conquistado pelo general Antonius, depressa tentara eliminá-lo em Módena, mas não sustentara o combate contra o experimentado militar sendo obrigado a fazer com ele uma aliança. Nasce o "Segundo Triunvirato", composto por Caius Octavius Thurinus, Marcus Antonius e Aemilius Lepidus.

Octavius, que passara com o recente acerto político a controlar províncias romanas da África e da Silícia, buscara imediato acordo com sua antiga conhecida, a potente Governadora lagídia, viúva de seu tio, cuja habilidade política sempre respeitara. Octavius Thurinus, permanentemente convivendo com o triúnviro Antonius num clima de suspeitas, propusera a união matrimonial entre ele e a sua irmã Otávia, o que o general aceitara com muita satisfação, haja vista que a bela Otávia, em muito, encantava-o. Porém, o amigo de Gaius, respectivamente, acautelando-se de cada singular movimento de Octavius, aguardaria uma ocasião oportuna para aceitar o proposto matrimônio, advertido que o possível cunhado bem depressa se aventurara a travar uma aliança com a governante do Egito, decidindo investigar de perto a verdade das notícias.

Apesar das incontáveis alegorias e mitos sobre as personalidades, perpetuadas pelos milênios afora, nada de extraordinário destingiu-lhes as existências, que já não sucedera com diferentes individualidades, em outros tantos períodos das civilizações da Humanidade.

A Soberana lagídia era possuidora de punho forte e de decisões inabaláveis, qualidades que trazia de um passado longínquo. Era administradora visionária, tendo a sua gestão no Egito apresentado grande progresso para a sua civilização. Desde a infância fora uma apreciadora persistente da Cultura e da Religiosidade Egípcias, chegando ao extremo de dominar a língua morta da tradição ancestral com grande habilidade e fluência, possuindo amplo conhecimento de seus cultos. Amara e defendera constantemente com incansável paixão os patrimônios dos faraós, as monumentais construções e a sua consagrada memória...

Possuidora de um vasto conhecimento adquirido dos sábios gregos, com amplo acesso aos infindáveis volumes do *Mouseion* de Alexandria, dominava Ciências Ocultas e Astronomia, Filosofia e História, bem como vários idiomas, jamais se permitindo sorver uma existência promíscua como divulgariam os seus habituais adversários combatedores, de forma sórdida...

Internara-se desde os verdes anos da infância aos cuidados dos Sábios do Templo de Harmakis ou Hathor, em Luxor, suplantando os mais avançados níveis do Conhecimento Iniciático. O Sumo Sacerdote de Harmakis instruiu-a na superior ciência espiritual; apurou-a no uso do próprio magnetismo e exclusivamente a ela abriu acesso ao "Santuário Secreto" onde se ocultavam os legados intactos do Faraó da XIX Dinastia do Egito – Ramsés II, O Grande –, Governante de surpreendente pujança que eternamente a inspiraria em seus futuros cometimentos políticos.

Soubera valer-se de seus grandes atributos para acumular os bens maiores do adorado Egito. O que mais marcava a individualidade daquela que renascera como filha de Ptolomeu Aulettes era a habilidade para discursar, o que fazia com encantadora cadência, dominando pela palavra. Há mais de mil anos transcorridos daqueles dias, tal peculiar característica espiritual fora retratada em sua nave funerária, quando ali mesmo nas terras egípcias existira. O seu amado esposo de outrora fizera inscrever em seu obelisco: "*Grande Esposa Real, Senhora das duas terras, possuidora do encanto, e da meiguice, doce amor, generosa em afeto, poetisa de face serena, bela usando o diadema circular com as plumas gêmeas... O Chefe do Santuário de Horus, o Senhor do Palácio, agraciar-vos-á o que desejardes e presenteada sereis com as coisas boas que sonhardes, pois o dom da vida repousa no timbre de vossa voz.*"

O Historiador Plutarco[4] num futuro não tão distante anotaria a respeito da rainha lagídia, Neathea: "*Possuía um encantamento infinito ao discursar, tanta doçura e harmonia no som de sua voz, que a sua língua era como um instrumento de variadas cordas, que ela manejava facilmente e dele extraía, conforme convinha, as mais diferentes variantes de linguagem.*"

..*

A jovem rainha, no frescor das vinte e sete primaveras, de regresso à pátria querida, soubera apaziguar as ambições dos sacerdotes egípcios dividindo o trono, assim que regressara de Roma, com seu pequeno irmão de dez anos, Ptolomeu XIV, mantendo uma gestão próspera durante três anos. Acometido de uma intoxicação, o jovem padecera, após esse período, sendo substituído por seu sobrinho, Cesarion, filho de Gaius.

Foi com esta jovem mulher, madura pelas árduas provas, experiente e atilada politicamente, conhecedora da Retórica de Demóstenes e dos poemas de Homero, solitária e determinada, que o Governador Marcus Antonius ajustara um encontro na Trácia, especificamente na cidade de Tarsus, com a finalidade de esclarecer quais

[4] *Historiador, filósofo e intelectual grego, nascido em Queronéia no ano 46 d.C. Viajou por muitos países, dentre eles: Egito, Grécia, tendo vivido temporadas em Roma. Morreu no ano 120 d.C..*

eram as intenções do Egito quanto a Roma, de igual modo desvendar o secreto fito do Triúnviro Romano Octavius Thurinus com relação ao Egito.

Natural que Neathea, por extremo orgulho de sua descendência e sem desejar aparentar submissão ao general romano, estivesse escoltada de uma majestosa comitiva. Partira numa embarcação esplêndida, belamente ornada e guarnecida de especiarias, bom vinho e iguarias exóticas. Sabia das suspeitas de Antonius e estranhamente estimava-o, sem conhecê-lo, pela extrema lealdade a Gaius. Pretendia estabelecer com ele uma coligação bem-sucedida, entretanto era evidente em seu coração um misto de deliciosa expectativa e temor, dias antes da partida.

..*

Enquanto tais ocorrências estavam em curso, retrocedemos à poderosa capital romana nos tempos das perseguições aos senadores que se revoltaram contra Gaius, mais tarde subjugados pela fúria vingativa de Antonius. Vivendo, ainda, nos patamares do autoritarismo e do prestígio, utilizara-se de atributos espirituais e magnéticos milenares para gerir os seus próprios interesses. O general avançara resoluto contra seus inimigos e de Gaius, todavia sendo utilizado pela Sabedoria Divina – como adequado instrumento – promovendo as transformações necessárias para aquelas agremiações terrenas.

O esperto Marcus Tulius Cicerus, que fizera inflamados discursos contra ele, sofrera um terrível trucidamento tendo as mãos decepadas. Junto com o orador Cicerus, foram barbaramente cassados, proscritos ou exilados cerca de trezentos senadores e *optmates*[5] e mais de duzentos *equites*[6]. Os cavaleiros chacinados atingiram o

[5] *Representantes da Aristocracia Patrícia.*
[6] *Publicanos e Favorecidos Políticos.*

montante de dois mil. Desta forma, o governador Antonius sentira ter aplicado a justiça e recompensado a memória de Gaius.

Segundo o "Acordo de Brindisi", que garantia aos triúnviros um poder ditatorial por cinco anos, Antonius, Octavius e Lepidus reivindicaram o Império e, cerca de um ano depois, o romano Sextus Pompeius, filho do falecido Pompeius Magnus, também recebera a Silícia, a Córsega e a Sardenha, com o compromisso de suprir Roma de quantidades satisfatórias de trigo, uma vez que esta dominava o comércio de grãos com o Egito. Apesar disso, transcorridos dois anos, o panorama pareceria modificar-se. Octavius, descontente e alimentando ambições inconfessáveis, expediria algumas deliberações de seu palácio na capital romana:

– Metelus! Trazei as membranas[7], pois redigirei uma mensagem a Antonius no Oriente!

Enquanto aproximava-se de uma grande janela divisando Roma sob a bruma da manhã, argumentava para si mesmo em pensamentos. "Proporei um irrecusável acordo a Antonius, de modo a eliminarmos o jovem Sextus Pompeius, definitivamente! O abastecimento de trigo e grãos na capital não pode ficar na dependência dele, que sempre se utilizará disso para nos submeter às suas arbitrárias vontades. Além do mais, é meu plano neutralizar, igualmente, a Marcus Aemilius Lepidus concedendo-lhe a titulação de *Pontifex Maximus*[8]... Então, restará apenas Antonius como único obstáculo no caminho de meus objetivos, a favor do Novo Regime."

E dirigindo-se ainda ao escriba, ordenara:

– Anotai, Metelus, que de agora em diante daremos por direito todos os territórios coloniais de Pompeius ao triúnviro Lepidus. Entretanto, o que Roma necessita, legitimamente, é de um único

[7] *Espécie de pergaminho de pele de cabra ou ovelha, preparada com alume (pedra-ume).*
[8] *Sumo Prelado: autoridade máxima de Roma.*

Imperador, com autoridade absoluta para nomear e cassar os seus governadores e administradores de província...

Se eu possuísse essa autoridade, também não ficaria à sombra de Antonius, porque tenho certeza de que ele faria o mesmo, a meu respeito, se o pudesse. Entretanto, caro Metelus, tudo tem o seu momento, saberei aguardar o tempo preciso!...

– Certamente, Imperador! Vossas qualidades são superiores às dos demais. Sem dúvida, a população romana vos apoiará, assim como o Senado, que jamais se viu ultrajado por vossas decisões. Apesar do fascínio popular pelo aliado do extinto Gaius, recordemo-nos do ditado: longe dos olhos, longe da lembrança!

– Falais com lógica, Metelus! Além disso, alegro-me por Antonius manter-se distante da soberana egípcia, sem jamais tê-la conhecido, visto que, no íntimo do ser, sempre pressenti uma possibilidade de pacto contra mim, pelo simples motivo de ambos possuírem estreita ligação com o extinto Gaius.

– Entretanto, a soberana egípcia demora-se vasculhando as vossas propostas de uma união de poderes, mantendo-se estranhamente distante e silenciosa. Não vos retribuiu as expectativas, por certo não mais ambiciona qualquer acerto com os romanos!

– Soberba e altaneira, eis o que é, genuinamente, esta rainha lagídia! Paga a Roma os tributos devidos, porém deixa sempre transparecer a intocável independência do Egito e o seu invencível poder!

– Acautelai-vos, majestade! Poupai, por agora, a vossa saúde que parece agravar! Abandonai qualquer desejo de entendimento com esta mulher misteriosa e de resumidas palavras, para um momento favorável. Deixai-a vir atrás de vosso socorro, implorando por vossa confiança! Neathea sempre me inspirou um enigma indevassável, desde que a avistei pela primeira vez na vila de Gaius e nos últimos e dramáticos acontecimentos.

– Ela abomina os romanos, Metelus! Desconsidera aqueles que, maiores em atributos bélicos e poder, submeteram sem piedade a sua ancestral estirpe! Gaius foi para ela uma solução oportuna! – E levando a destra ao queixo, baixara a fronte e mantivera-se em curiosa mudez, por segundos, distanciando-se em pensamento...

"Contudo será sempre uma adversária que teremos que respeitar! Não duvido que possui estranhos poderes. Eles se tornam explícitos quando ela nos fita ou discursa, ainda que assuntos triviais; entorpece-nos, domina-nos ou enfeitiça-nos, conforme fez a meu pobre tio."

– Suas práticas mágicas sempre foram freqüentes, disso ela jamais fez segredo. Cultua abertamente os deuses egípcios, enfeita-se com os adereços das deusas Ísis e Hathor, oferece-lhes presentes, esconde-se nos santuários dias a fio com os sacerdotes, renegando, até mesmo, as tradições de sua origem grega... Fortalecida com os poderes do supremo Amon, o deus temido e reverenciado dos egípcios, domina facilmente o povo e o exército – acrescentara maliciosamente, o escriba Metelus, provocando a rivalidade na mente do governante.

– Por isso mesmo, não a perderei de vista, informando-me de cada despacho assinado na distante Alexandria!

* * *

Desta forma, três anos transcorreram imperceptíveis desde o assassinado de Gaius. A soberana egípcia crescera em madureza e determinação e não mais se encontrava, em espírito, na dependência dos romanos, aos quais desprezava. Ao contrário, já abrigava no íntimo o desejo de resistir com todas as forças pela independência do Egito, deixando como herança o trono ao amado "Pequeno Caesar", àquela ocasião contando cinco anos de vida, validando o título deixado a ele por seu pai.

V
Refazendo Caminhos

"O meu Reino não é deste mundo. Se o meu reino fosse deste mundo, os meus ministros se empenhariam por mim, para que não fosse eu entregue aos judeus; mas agora o meu reino não é daqui."
(Jesus – João 18:36)

"Oh! Jesus, vos o dissestes, vosso Reino não é deste mundo, porque é preciso sofrer para chegar ao céu, de onde os degraus de um novo trono a ninguém aproximam. A ele só conduzem as veredas mais penosas da vida. Procurai-lhe, pois, o caminho, através das urzes e dos espinhos, não por entre as flores".
(Uma Rainha de França/Havre, 1863[1])

[1] *O Evangelho Segundo o Espiritismo, cap. II (Meu Reino Não é Deste Mundo).*

A travessia da esquadra de Neathea transcorrera sem embaraços até Tarsus. Fizera-se acompanhar de uma esplêndida comitiva, assim como das fiéis, Charmion, Cebina e Iras, que jamais dela se afastavam, desde os primeiros anos de sua infância.

De relativa distância, o general, acompanhado de algumas autoridades, aguardava ansioso a chegada da viúva de Gaius, enquanto lembrava que desfrutara uma noite muito estranha, com visões de pessoas e culturas desconhecidas... Em seu sonho avançava em direção à soberana lagídia que, no entanto, trajava-se ao costume persa e apresentava-se com a tiara de ouro dos primeiros governantes lagídios. Fora como se a conhecesse de muitos séculos. Acordara banhado de suor, buscando imediatamente apagar tais impressões de seu cérebro exausto, deixando-as por conta das informações obtidas em outros lugares, sobre a misteriosa mulher egípcia.

Possuidora de grande conhecimento bélico e dominando seguros esquemas estratégicos, não se animara a pisar em terra firme, visto que a sua reduzida esquadra e número de soldados jamais resistiriam a uma inesperada investida por parte do governador romano. Ao contrário, convidou-o a bordo da belíssima nau exibindo velas púrpuras e remos com pás de prata, de modo a travarem o imprescindível diálogo acertado por ele.

Não é nosso interesse revelar segredos históricos, sociais ou políticos, assim como desmitificar tradições literárias ancestrais, porém o principal objetivo de nosso trabalho é oferecer o testemunho vivo da misericórdia divina e da suprema lógica da reencarnação, que, sob a assistência de Jesus Cristo, tem oferecido a todas as vidas, em experiências terrenas, as oportunidades necessárias para evoluir. No entanto, utilizando a razão e seguindo a lógica da individualidade empregada nesta narrativa acerca das personalidades descritas, sem dúvida constatamos que a sucessora de Ptolomeu Aulettes não necessitava se valer de quaisquer artifícios mágicos ou de vulgar sedução.

Ressaltamos, outra vez, que a personalidade demasiadamente superior da rainha lagídia Neathea, diante dos romanos, somada à estreita vinculação espiritual com a alma que animava a personalidade do General Antonius, favoreciam uma aproximação bastante espontânea, que ocorreria em qualquer outra circunstância, apesar das suas posições.

– Salve, Governador Antonius! Os deuses concedam-lhe longevidade e força! – saudara a governante com entusiasmo, minutos depois de o navio atracar o porto de Tarsus, enquanto os olhos admirados do enviado de Roma pousavam, cheios de admiração e emoção, sobre o perfil recém-surgido do interior da grande embarcação.

– Retribuo as vossas saudações, Alteza. Recomendo-vos, igualmente, aos deuses celestes! Desembarcai com a vossa comitiva, para conhecerdes as instalações de Roma nesta encantadora província asiática.

– Agradeço-vos, Governador, contudo agrada-me fruir os primeiros momentos no solo estrangeiro a bordo, após a expectante viagem. Restituo, desta forma, o convite, sugerindo que me apresenteis a bela costa, via marítima.

O general, magnetizado por aquela encantadora figura que lhe parecia tão conhecida, embarcara sem hesitar. Sob o comando da soberana, a luxuosa embarcação navegara margeando a costa mediterrânea e, num esplendoroso pôr-do-sol, o militar romano, por fim, encontrava a oportunidade de apresentar as suas intenções.

– Alteza, sabendo que enfrentais grandes dificuldades familiares, assim como encontrastes Alexandria com graves problemas depois de vossa ausência em Roma, decidi chamar-vos para, quem sabe, auxiliarmo-nos mutuamente...

A jovem senhora recebera as primeiras palavras do amigo de Gaius, para ela ainda desconhecido, sem qualquer emoção.

– Nada tão drástico que já não estejamos, gradualmente, solucionando, governador! Quanto a minha infeliz irmã, a Princesa Arsinoe, que com grande astúcia soube subornar alguns importantes ministros egípcios, não conseguirá os seus objetivos ambiciosos! Ainda possuo assessores fiéis, sendo Sosígenes, grande sábio e bastante estimado por Gaius, o mais estável deles. Além do mais, sei como me resguardar adequadamente das investidas de minha família.

– Entretanto, nobre senhora, pelo que fui informado, a mesma sorte não teve o vosso co-regente, o jovem Ptolomeu XIV, que padeceu morte suspeita! Não temeis que a corajosa Princesa Arsinoe, cedo ou tarde, possa vos atingir ou a vosso herdeiro?!

– General, a confiança e veneração da cultura religiosa egípcia, a qual adotei rigidamente, determina plena confiança em Amon-Rá e nos demais deuses que nos guiam os passos na terra... Ajo segundo as indicações de meu coração e as responsabilidades que minha posição me concedem, em prol dos bens maiores de meu povo. Contudo, a administração superior de todas as coisas, confio ao sumo deus de nosso *Empíreo*[2]!

Nesse momento, o general romano já estava completamente vencido pelos elegantes modos de Neathea, que não demonstrara qualquer receio expondo os fatos com segurança e uma infinita graça. Antonius viajava em pensamento diante daquela feição *sui generis*[3], que não possuía a formosura das nobres romanas, contudo, dela emanava, a um só tempo, uma incontestável fortaleza e uma ternura indizível... Mergulhado no ritmo de seu discurso expressivo, na inteligência de seus argumentos e explícita habilidade administrativa ao expor as suas iniciativas, em prol do Egito, esquecera as suas responsabilidades na Anatólia, a sua condição de

[2] *Morada dos deuses; o Céu.*
[3] *Tradução: peculiar ou característica.*

governador romano e que fora ele próprio o promotor daquele encontro, deixando-a dirigir a confabulação. Num dado instante, tomara a palavra e sem rodeios propusera-lhe um ajuste:

– Pois bem! Sem rodeios, desejo vos propor uma aliança! O saudoso amigo Gaius certamente possuía razões sensatas para associar-se à vossa pessoa, não se teria enganado! Confesso-vos que, desde que li o testamento de nosso falecido Cônsul Vitalício, massacrado de maneira hedionda, deixando-vos as suas posses e nomeando o filho como seu sucessor, medito freqüentemente como seríeis para merecer tanta distinção e, ao mesmo tempo, atrair tanta agressividade dos adversários.

O coração de Neathea estremecera diante da inesperada confissão. Jamais depositara os seus sagrados sentimentos nas mãos de um homem. O próprio Gaius fora um grande aliado de objetivos, contudo jamais o amara... Pela primeira vez em sua existência, sentira algo completamente estranho por aquele militar romano, embora conhecesse sua fama de beberrão e vulgar nos assuntos do coração.

– Não desconheceis que Gaius foi oficialmente divinizado há quatro anos. Com isso, o vosso filho herdou o direito de ser sagrado rei, o que acredito ter sido um lance político de Octavius para conquistar a vossa parceria. Entretanto, é manifesto que esse sempre fora o vosso grande desejo para o "Pequeno Caesar". Por outro lado, a meu ver, esta foi uma aclamação que também poderá causar a morte da criança. Por isso, é preciso que confieis em mim, unindo forças para resistirmos a Roma e vencermos os persas, transformando o Egito numa grande potência!

O militar mencionara o mais santificado desejo da governante lagídia: reintegrar a plena liberdade à sua nação. Desta feita, a sua alma fora tocada no que possuía de mais valioso: a segurança do pequeno Ptolomeu XV e a liberdade de sua pátria do autoritarismo romano.

– Pois bem, general! Vamos oferecer validade e forma ao nosso acordo, descrevendo mais precisamente os seus termos. Mencionastes inequívocas verdades: sempre almejei se tornasse oficial o direito sucessório do herdeiro de Gaius, ao mesmo tempo, não desconsidero que por este mesmo motivo ele tornou-se um alvo para os adversários.

O espírito do comandante imediatamente reintegrara-se de seus conhecimentos passados, pois confiava naquela estranha mulher, muito mais do que jamais confiara em qualquer outra. Fora dominado por ela num único dia de convivência. Inexplicavelmente, já a amava com todas as forças de seu coração, assim como já decidira, em segredo, defendê-la e ao filho de Gaius, até o seu último sopro de vida.

– Combinado! Para tanto imploro a vossa permanência por mais dois ou três dias em Tarsus para acertamos, em termos favoráveis para ambos, o nosso pacto de ajuda recíproca!

Assim falando, tomara, sem perder tempo, a mão direita da senhora, que já se encontrava de pé, beijando-a com grande devoção. O repentino entusiasmo apaixonado do general permitira que o corpo da soberana estremecesse, permanecendo igualmente paralisada no íntimo do coração por aquela presença, até poucas horas, completamente estranha. Retirando a mão com delicadeza, correspondera:

– Certamente, governador, permaneceremos! Porém, tal acerto, por suas graves implicações, até mesmo afrontando Octavius, precisa de um longo amadurecimento. Provavelmente tereis que vos deslocar até Alexandria para planejarmos tudo cautelosamente. Agora, se me permitis, desejo retirar-me para minha câmara, de modo a guardar algum repouso. Mais tarde voltaremos a conversar, contudo pretendo que meus ministros, Sosígenes e Dioiketes, participem de nossa convenção!

Permanecei inteiramente a vontade! Os criados vos atenderão em todas as necessidades. E abandonando o luxuoso recanto no convés da embarcação, no formato de um espaço para recolhimento e aproximação, recoberto por um amplo toldo, com riquíssimos tapetes, confortáveis poltronas e robustos eunucos com coloridos leques de plumas, sumira vagarosamente.

Antonius, perplexo e sem conseguir pronunciar mais uma palavra, desabara novamente no assento... Parecia conhecer de algum lugar aquela dama de origem grega, de estatura mediana, farta cabeleira negra em caracóis, arrumada num requintado penteado, face elegantemente esculpida e de uma graciosidade austera, da qual saltavam os temíveis olhos negros e o nariz aquilino. Era a criatura mais fascinante que já conhecera. Conseguia misturar em harmonia a doçura feminina e o vigor de grande líder.

Espreguiçando-se no confortável assento recoberto de almofadas, avistara o céu carregado de estrelas, desejando permanecer naquela embarcação com a reinante lagídia pela eternidade... Completamente encantado, divagava: *"Quem é esta fascinante mulher?... Será que já a avistei em algum lugar?!... Como é ponderada e admirável em suas maneiras!... Como discursa com desenvoltura dominando as palavras com tamanha beleza!"*

Nesse estado de êxtase apaixonado, o Governador da Anatólia, aos quarenta e seis anos de idade, já definira intimamente, de forma irrevogável, oferecer sua mão protetora à determinada herdeira das memoráveis dinastias de Ptolomeu.

VI
Tempos Venturosos

*"Não se turbe o vosso coração; crede em Deus, crede também em mim.
Na casa de meu Pai há muitas moradas. Se assim não fora,
eu vos teria dito. Pois vou preparar-vos lugar. E, quando eu for e
vos preparar lugar, voltarei e vos receberei para mim mesmo,
para que onde eu estiver, estejais também vós."*
(Jesus – João cap. 13, 36 a 38)

*"Se existem em sua perfeição esses estados de equilíbrio e
de harmonia, prevalecerá uma ordem feliz no Céu e na Terra
e todas as coisas serão estimuladas e florescerão."*
(Confucius, "A Doutrina do Meio")

De regresso à Alexandria, a rainha lagídia meditava em cada singular sinal da personalidade e das consecutivas atuações políticas do governador na Anatólia, que, palmo a palmo, aproximava-se de seu coração e de suas decisões administrativas.

Há muito tivera conhecimento do famoso discurso fúnebre perante o corpo de Gaius, assim como do carisma emanado de sua individualidade, conquistando a total confiança e estima do povo romano. Sosígenes já detalhara a sua magnífica carreira militar, apontando as suas vitoriosas campanhas, tornando-se o braço forte do general Gaius, com quem possuía laços de parentesco.

A senhora, mergulhada em infindáveis recordações, reavaliava as anotações de seu ministro, nas quais também associava o êxito do general Gaius, no impulso guerreiro nas Gálias, ao grande suporte de Antonius, por isso mesmo nomeado Questor[1], com ascendência no Senado Romano.

Relembrava que, pessoalmente, escutara dos lábios do finado esposo diversas menções sobre a propagação da Guerra Civil entre os seus companheiros e os de Pompeius, sendo sempre eficaz a atuação do militar. Do mesmo modo, informara-se que o governador da Anatólia elevara-se à condição de defensor dos direitos do Povo, com o objetivo de defender a população das atuações arbitrárias dos magistrados, desempenhando-se bravamente.

A governante, levada para um universo de infindáveis recordações preciosas, não vira o tempo passar, felicitada pela proposta de pacto com aquele que defendera corajosamente a favor de Gaius, diante do Senado Romano, expondo a própria vida. Possuía todas as razões para acreditar em suas propostas, decidindo firmemente fazê-lo. Além do mais, o coração, antecedendo-se à razão, já havia se definido.

[1] *Magistrado encarregado principalmente de funções financeiras*

A herdeira dos faraós lagídios, desfrutando os dias mais felizes de sua complicada existência, resolvera, oficialmente, convocar Antonius ao Egito, quando Charmion, entrando de mansinho na antecâmara com um pergaminho na mão, interrompera a patrona:

– Senhora, perdoai-me a intromissão na hora de vosso repouso. Contudo, preciso repassar às vossas mãos uma urgente mensagem do Governador da Anatólia! Neathea, depressa, erguera-se de sobre as diversas almofadas bordadas, abrindo rapidamente o rico sobrecéu de proteção contra os impertinentes mosquitos do Nilo...

Tomando depressa a mensagem, desenrolara-a com ansiedade, percorrendo-a com olhos ambiciosos, de cima a baixo.

– Vinde, estimada Charmion, sentai-vos ao meu lado para ouvirdes as novas: o nosso general chegará a Alexandria em sete dias! – divulgara Neathea aos ouvidos da criada, sem ocultar o ilimitado contentamento.

– Interessante! – proclamara, depois de aspirar longamente o papiro abandonando-o, com delicadeza, sobre o leito, sob o olhar firme da fiel agregada. – Agora mesmo estava mentalmente esboçando uma mensagem ao Legado de Roma, de modo a convidá-lo ao Egito!

– Vossos pensamentos, cara Senhora, percorrem vertiginosamente a distância, disso já tivestes demasiadas comprovações! Por essa razão, o rigoroso Sumo Sacerdote de Dendera, Diodothos, já vos advertiu sempre pensar e desejar com simplicidade e bondade, pois possuís poderes mentais desenvolvidos! – expusera Charmion cuidadosa, visto que grande conhecedora dos dons sobrenaturais da soberana, cultuados na clausura do Templo de Hathor.

– Não se trata disto, querida Charmion! Jamais enderecei a Antonius as mentalizações magnéticas desenvolvidas nos rituais iniciáticos! Ao contrário, ao conhecê-lo, logo pressenti uma enorme familiaridade em seu perfil, prevendo que meu espírito já transitou ao seu lado em muitas experiências... Depois de um longo suspiro, encaminhou-se para um balcão donde avistou a esplendorosa enseada de Alexandria, assumindo, de imediato, aparência preocupada.

– Referistes ao sacerdote de Dendera por inspiração divina, fazendo-me reconhecer os sagrados propósitos da deusa Hathor e do supremo Amon, a meu respeito! Jamais poderei assumir qualquer pacto com Roma, tampouco entregar o meu coração a um romano, sem os conselhos de nossos deuses. Amanhã iremos à presença do grão sacerdote Diodothos, em Dendera, antes da chegada de Antonius, para que Hathor me guie às decisões mais sábias. Necessito conhecer de nossa deusa se minhas aspirações são abonadas ou desabonadas por ela.

– Assim procedendo, agis com cautela, senhora! Não podeis confiar em ninguém nesta situação de assassínios e traições! Até que o general demonstre o contrário, ele ainda representa os interesses de Roma, em prejuízo dos bens de nossa pátria!

A soberana lagídia, absorvida, a fixar ora as ondas do mar mediterrâneo na esplêndida enseada, ora as cegonhas voejando no cume do Farol na Ilha de Faros, balbuciara maquinalmente:

– Sem dúvida, Charmion! Determinados postos no mundo nos dão raríssimas oportunidades de atendermos aos nossos particulares interesses, roubando-nos a liberdade de agir conforme o nosso próprio prazer, sensibilizando-nos a trabalhar pelo benefício da maioria!

Após uma breve pausa, já se distanciando do bordo do terraço, confessara ao coração de sua afetuosa servidora:

– Charmion, partilho convosco uma informação que me aflige a alma...

A criada, aproximando-se, tomara as mãos gélidas da dama e com os olhos perturbados suplicara:

– Por todos os deuses, senhora, dizei-me depressa! Estais novamente em perigo?!

– Pensastes com sabedoria! Em recente assembléia com o velho Dioiketes e o incorruptível Sosígenes, fui informada de que minha irmã Arsinoe, cujos assistentes investigam-me cada passo, soube de meu provável pacto político com o general romano e prepara uma forte retaliação!

A serva, alarmada, juntara as mãos contra o peito, cerrando os olhos com indisfarçável amargura.

– Ó piedoso Amon, protegei-nos de mais este embate! O pequeno regente Ptolomeu expõe-se, como nunca e em seu próprio lar, à grande ameaça! Precisais, de fato, procurar sem demora a Dendera, levando-nos todos convosco, sob os cuidados de uma escolta, bem preparada!

– Sem dúvida! Ide, pois, preparar a nossa viagem de amanhã! Quanto a Ptolomeu, ficai sossegada. Já despachei ordens para uma vigilância redobrada no Palácio de Alexandria. Nenhum forasteiro está liberado para atravessar os seus portões, tampouco qualquer mensageiro da residência de Arsinoe.

A bondosa servidora, murmurando a compaixão dos deuses, partira apressadamente.

* * *

Ao mesmo tempo que tais episódios se desenrolavam no palácio situado na majestosa e movimentada cidade portuária do Egito, cruzando o Mediterrâneo à Lícia, os preparativos estavam adiantados para a viagem do general Antonius. Recrutando algumas autoridades em seu confortável *tablinum*[2], receberia de uma delas extraordinária informação, antes de sua partida:

– Finalmente, Aecius Macrinus, dizei-me por que motivo estais tão preocupado, a ponto de, no nascer do dia, chamar-me com

[2] *Câmara de reuniões, escritório.*

insistência no próprio leito? – indagara o governador ao seu grande aliado na garantia da justiça, naquela possessão romana da Ásia.

– Perdoai-me, senhor – retrucara o velho Macrinus bastante nervoso –, estivesse em minha decisão teria, de fato, reunido-me convosco no amanhecer deste dia! Vossos guarda-costas capturaram um espião egípcio. Deduzimos que está entre nós desde que as embarcações da rainha Neathea aportaram. Preso, nega-se a responder-nos às perguntas, dizendo preferir a morte!

Macrinus, sem se recordar que a aclamação para aquela assembléia partira do próprio Governador, interferira sem deixá-lo pronunciar sequer um monossílabo:

– Governador, a minha solicitação de receber-me no alvorecer desse dia possui a urgente finalidade de sugerir-vos cautela e, talvez, uma prorrogação de vossa viagem ao Egito! A arrogante rainha lagídia é ardilosa e compareceu à vossa presença armada de intenções ocultas!

Antonius, ensombrando a fisionomia, protestou com aspereza:

– Calai as vossas acusações ofensivas, Aecius Macrinus! A rainha veio a Tarsus correspondendo a um insistente convite meu! Como podeis acusá-la se o miserável nem abriu a boca! Apesar da irrestrita confiança que deposito em vossas intervenções, não posso concordar com tão precipitada atitude!

Deste modo falando, saltara do assento visivelmente aborrecido.

Macrinus, algo contrafeito, recuara alguns passos da presença do exaltado Legado de Roma, oportunizando ao Questor Valentianus Crispus manifestar as suas impressões. Assim ele o fez:

– Cautela e confiança, fiel Macrinus! Nosso Governador fala com propriedade. Busquemos, antes, retirar do intruso uma confissão, depois avaliaremos a respeito das verdadeiras intenções da governante egípcia.

O oficial, baixando a cabeça, retomara o equilíbrio propondo:

– Perdoai-me, general, admito a minha precipitação, entretanto recomendo não partirdes para o Egito, sem arrancar uma autêntica confissão do forasteiro, assim como a declaração de quem o contratou.

Instalou-se uma repentina quietude e os olhares voltaram-se para Antonius, à espera de sua resolução, porém, ocultamente, nenhuma das autoridades presentes confiava na rainha subjugada por Roma.

– Pois bem, façamos isso! Tragam-no sem mais demora à minha presença!

Uma súbita agitação movera a assembléia, que aguardava ansiosa os acontecimentos. No cerne das almas, as autoridades desejavam desvendar a culpabilidade de Neathea. Em pouco tempo, uma escolta de soldados apresentava o espião.

– Ei-lo, governador! – apontara o Macrinus na direção do agente clandestino.

– Soltai-o e deixai-o aproximar-se! – ordenara Antonius bastante irritado, ao verificar o descontentamento das autoridades sob o seu comando, não somente, por seu fascínio pela governante lagídia, como também pelo fato de deturparem maliciosamente a conduta da ausente.

– Como vos chamais? – inquirira o militar com voz firme e evidente aborrecimento, fazendo o intruso estremecer.

– Kratippos – respondera.

– Por quem sois, Kratippos? Não aguardarei muito tempo pela resposta! Oferecer-vos-ei uma morte lenta, de modo a repensardes a vossa teimosia... Pensando melhor, levar-vos-ei comigo ao Egito, de modo a verificar, com precisão, quem vos contratou.

O homem abalara-se. Suportaria a morte, naquela mesma hora, pelo gládio do governador, mas não agüentaria a drástica represália da soberana de seu país, assim como a crucificação pública, diante dos familiares que estavam à sua espera, desconhecendo os seus criminosos procedimentos contratados por fartas moedas de ouro.

– De acordo, governador! Possuo mãe e irmãos, aos quais não desejo depreciar. Estou ciente de que tenho mais a perder não confessando! Oferecei-me algum tempo para organizar as idéias...

– Nem um minuto a mais, Kratippos! Viestes na embarcação de Neathea? Quanto tempo estais entre nós?

– Colaborai, miserável, pelo bem desta família que diz possuir e por vossa própria imunidade! – insistira Macrinus, arrogante e ansioso por conhecer os detalhes daquela criminosa contratação.

– Pois bem – concordara o rapaz com voz clara –, estou a serviço da destemida Princesa Arsinoe, irmã mais jovem da rainha Neathea, como certamente sabeis. A princesa deseja saber cada detalhe da visita da irmã a Tarsus, assim como conhecer as vossas intenções, general, com relação ao Egito.

– E que informações já passastes para a ambiciosa lagídia?

O clandestino, bastante hesitante e com voz trêmula, respondera:

– Todas, senhor!

A esta altura, Macrinus, Valentianus e as demais autoridades ficaram decepcionados, pois tinham certeza das más intenções da recente visitante.

– O que isso significa, Kratippos? Falai imediatamente! – bradara Antonius sem controlar a emoção.

– Primeiro repassei ao conhecimento da princesa a vossa breve inspeção a Alexandria; depois, o favorável entendimento surgido entre vós e a rainha e por fim, tudo mais que todos comentam...

– E o que todos comentam, em minhas costas, que eu desconheço?

Os presentes empalideceram, temerosos de algo surgir contra algum deles.

– Que estais apaixonado pela soberana lagídia, o que indica

outra certeira aliança entre um possante general de Roma com a nossa governante no Egito!

Assombrado, Antonius não sabia o que dizer. Das suas impressões particulares sobre Neathea somente os seus mais próximos coligados suspeitavam... No entanto, quem, dentre os seus, divulgava audaciosamente os seus supostos sentimentos, expondo-o daquela maneira?...

O experimentado militar, disfarçando o dissabor, dera prosseguimento ao interrogatório:

– Certamente, que, de posse de tais informações, algo deve estar tramando a traiçoeira Arsinoe. O que seria Kratippos?

Esta era a pergunta que o traiçoeiro intruso egípcio mais temia, receoso da reação do oficial. Deste modo, contornou a resposta e depois de um angustiante silêncio, gaguejou:

– Uma emboscada, governador! A armada militar, ligada à princesa, sabendo que a vossa excursão ao Egito não possui objetivo militar, surpreender-vos-á desprevenido de um possante exército, antes de ancorardes em Alexandria. As ordens dela são exterminar-vos e, num esperado momento, também à rainha Neathea e seu pequeno regente! Na realidade somos dois espiões, que se substituem, indo e vindo de Tarsus para Alexandria, há alguns meses, adentrando camuflados em navios comerciais. Assim sendo, tenho acompanhado, por ordem da princesa, os acontecimentos nesses dois extremos.

– Pois bem, Kratippos, é o suficiente! O fator surpresa não mais acontecerá, tendo em vista que chegarei no Egito com uma possante esquadra, de modo a enfrentar e dominar definitivamente essa astuciosa ptolomaica. Jamais fora esta a minha intenção, contudo fui afrontado drasticamente com uma ameaça de morte. É minha obrigação a defesa e integridade de meus homens! Entretanto ficareis, Kratippos, indefinidamente aprisionado em Tarsus. Ou desprezais a minha inteligência acreditando que vos deixaria partir?

O oficial romano, embora as sombrias declarações do espião egípcio, ficara bastante satisfeito pela explicitação, diante dos magistrados romanos, da inocência da mulher que conquistara suas idéias e seu coração.

..*

Neathea, acompanhada por um grande séqüito deslocara para o sul, na direção de Dendera, com o objetivo de uma comunhão com os deuses e segura orientação espiritual. O santuário em honra a deusa Hathor correspondia ao seu desejo construtor, valorizando os mínimos detalhes de sua arquitetura. O templo, protegido pelo Sumo Sacerdote, Diodothos, cujos elevados poderes faziam do local um grande santuário, responsabilizava-se por transmitir à rainha, nos graves momentos do Egito, a orientação notável dos deuses. A jovem reinante, prevenida, descera o Nilo em grande embarcação. Ficava invariavelmente fascinada ao imergir naquele mundo remoto ao sul do Egito, que lhe parecia tão familiar...

Sem guardar repouso, de pé no tombadilho, acompanhara desde o início da viagem, descendo pela margem esquerda do Delta, até a chegada em Dendera...

Com um olhar espantado vira Sais, adormecida à distância. Mais adiante, Gizé, a região das monumentais pirâmides. Tão logo a embarcação cruzara ao largo de Men-Nenfer e Saqqara, o coração da rainha lagídia oprimira-se por incomensurável saudade, visto que ao longo de sua atual existência, parecia identificar aqueles lugares queridos de tempos imemoriais...

Não demoraria muito para deixarem o Baixo Egito, mergulhando rapidamente na direção de Amarna, Assiut e Abedju, já no Alto Egito. E adentrando a maior sinuosidade do Nilo, ancoraram em Dendera.

Numa câmara secreta do Templo de Hathor, na qual somente

a soberana e Diodothos detinham acesso, depois de jejum e pregações, o Sumo Sacerdote entrara num intenso transe:

– Filha de Amon e eleita de Hathor, os motivos que vos trazem à nossa presença são conhecidos – dissera o sacerdote com voz alterada e olhar vidrado, sem que a senhora nada expusesse. – Vive o dia sem a noite e a escuridão sem a luz? Digo-vos que a escuridão é a própria aproximação da luz, assim como a noite é o prenúncio do dia!... Igualmente entre os espíritos existem coligações magnéticas e vibratórias tão poderosas, que o ânimo para a continuidade de suas jornadas evolutivas permanece, quase que inteiramente, na dependência do estímulo dos apoios energéticos das almas queridas.

– Ó Hathor, deusa dos mistérios e do amor, dessa forma dizeis que o meu caminho está atrelado ao do governador romano, como intuí? Devo confiar nele?

– Sois igualmente emissária de nossa vontade, consultai o vosso coração e sabereis a resposta! – disseminara o sacerdote estático.

– Meu coração já me revelou a resposta. Ele jamais será maléfico para os patrimônios de nosso Egito, contudo o vosso desejo prima em meus desembaraços, divina Hathor, assim como o de meu pai Amon.

– Segui o vosso discernimento espiritual! Estais a refazer caminhos antigos! O destino do ser imortal na terra é encontrar e ser encontrado, espíritos idênticos resgatando e revivendo, no presente, circunstâncias passadas, que lhes provarão as aquisições evolutivas.

Com um suspiro estranho, Diodothos erguera a cabeça para o alto, submergindo num silêncio fúnebre... Readquirindo a plena consciência, levara ao conhecimento da sucessora dos lagídios as suas impressões extranormais:

– Grandiosa soberana, vossa existência é rodeada de inimigos pertinazes e de tramas terríveis! Acautelai-vos, visto que, se dias iluminados e felizes são dádivas de Amon aos seus filhos, na trilha da evolução para a Mansão da Luz, faz-se imprescindível atravessar a noite densa! Avançai devotada aos vossos deveres e submissa às intenções dos deuses! Hathor velará por vossa marcha e segurança! Iludidos os filhos do Altíssimo que acreditam caminhar nas vias terrenas por sua própria conta; todos atendem a ordens divinas, embora livres para escolherem trajetórias mais fáceis ou mais complicadas. Em breve vossa família perderá mais um de seus membros. Entretanto, é preciso entender que, infelizmente, nestes níveis de aprendizado ainda prevalecem os desregramentos da personalidade e as paixões avassaladoras. Testemunhareis o ódio originar divergências, a traição motivar maldosas vinganças.

– Compreendo, claramente, o que devo fazer e o que me aguarda, caro Diodothos! Afirmo aos gênios protetores que estou pronta!

Depois de oferecer orações aos deuses superiores e de dedicar-lhes oferendas, a soberana aprontou-se para voltar a Alexandria.

..*

Em pouco tempo, um confronto espetacular ocorrera entre as forças romanas e a armada egípcia, sob o comando da princesa Arsinoe, que em lugar de surpreender fora surpreendida pelo experimentado general. Antonius, com facilidade dominara os combatentes, assim como assassinara Arsinoe, sem piedade. No cerne do coração, almejava igualmente favorecer Neathea e proteger o herdeiro de Gaius.

Mais um componente da próspera Dinastia Lagídia sucumbira, conforme previra o Grão Sacerdote Diodothos. O futuro dos faraós ptolomaicos, desde Ptolomeu I Soter, que existira há três séculos, parecia duvidoso e sombrio... Apesar daqueles nebulosos períodos de rebeliões e mortes, inaugurar-se-iam os mais felizes anos da vida de Neathea, bem como de seu filho Ptolomeu Cesarion. Sem demora, o governador apresentava-se à mulher que o esperava com grande ansiedade, despachando uma criada para informar sua chegada:

– Senhora, o general Antonius anuncia a sua presença ao palácio! – avisara Cebina espavorida. Neathea, indisfarçavelmente emocionada, autorizava a entrada do Legado de Roma até a sua presença.

Se as primeiras semanas de estadia do oficial em Alexandria arrastaram-se cerimoniosas, ainda sob a comoção do embate que resultara na morte da atrevida princesa Arsinoe IV, as semanas seguintes transcorreriam ilimitadamente alegres...

Passados aproximadamente três meses do encontro na Ásia, finalmente, Antonius pudera relatar à soberana lagídia a revelação da trama de sua irmã, com a prisão do espião Kratippos, em Tarsus, assim como a implacável resolução de Arsinoe em assassiná-la, junto ao filho. Depois de repetidas conversações, estabelecera-se a confiança e a estima entre ambos, que se transformaram em ardente paixão, vivendo épocas bastante venturosas em Alexandria.

VII
Afeição Espiritual e Astúcia Política

"Assim, os inimigos do homem serão os da sua própria casa. Quem amar seu pai ou sua mãe mais do que a mim não é digno de mim; quem amar seu filho ou sua filha não é digno de mim; e quem não tomar a sua cruz e vir após mim não é digno de mim."
(Jesus – Mateus, cap. 10:36 a 38)

"A taça que vos é oferecida, embora queime os vossos lábios, foi confeccionada com a argila que o Oleiro umedeceu com suas lágrimas sagradas."
(Gibran Khalil Gibran,[1] "O Profeta")

---

[1] *Literato e Poeta Libanês, nascido no ano 1883 em Bicharré e morto em 1831, na cidade de Nova Iorque, EUA.*

Começara o ano 41 a.C. e o governador da Anatólia ainda se encontrava em Alexandria, profundamente envolvido no governo daquela nação coligada de Roma, ao mesmo tempo incapaz de afastar-se da mulher à qual se afeiçoara com todo o vigor de seu coração. Deslocara-se algumas poucas vezes a Lícia, contudo não conseguia distanciar-se por muito tempo do convívio de Neathea e do pequeno Ptolomeu. Fora como se reencontrasse a família valiosa.

Somente pela compreensão das vidas sucessivas que, por ação de sublimes ensinamentos Divinos permitem o reencontro de almas queridas ou de adversários ferrenhos, torna-se possível compreender tais fatos com profundidade...

Aqueles dois corações possuíam milenar comprometimento espiritual, não só entre si, mas para com a pátria dos faraós, sua cultura e religiosidade. Tamanha era essa paixão, que todas as sagradas riquezas de devoção do Egito, como os mausoléus e pirâmides, estelas e obeliscos, os grandes murais e afrescos das inumeráveis tumbas no Vale do Renascimento Solar, tinham prioridade em suas ações de conservação.

Numa tarde carinhosa, a jovem senhora repousando serenamente a face no peito do ser querido, após longos meses de uma feliz convivência, que se lhes parecia milenar, escutava-lhe as palavras afetuosas:

– Neathea, os deuses festejam na Morada Eterna o nosso feliz encontro!

E assim falando, afagara-lhe docemente a cabeleira encaracolada, em seguida beijando-lhe a testa respeitosamente.

– Não duvido, querido! Cheguei a hesitar se meu coração, em algum tempo, render-se-ia a um amor verdadeiro! Sabeis que obtive da mão forte de Gaius um inestimável apoio, auxiliando-me na manutenção dos patrimônios egípcios. Serei eternamente grata ao saudoso general, apesar de conhecer os seus grandes interesses em nossa união.

– Isso é verdade! Preciso admitir que tal interesse fora também o meu! Fiquei bastante contrariado ao saber da proposta de associação política que Octavius dirigiu-vos. Jamais depositei completa confiança neste sobrinho de Gaius, cuja ambição é dominar como Imperador num novo regime. Desta forma, articulei infindáveis meios de vos convencer como minha aliada, conquistando a fidelidade de vossos exércitos e o patrocínio financeiro do Egito, mantendo-vos como grande aliada contra Octavius e viabilizando a minha sonhada campanha na Pérsia. Entretanto, a fatalidade possui seus desconhecidos propósitos, muitas vezes desiguais aos nossos, tendo sido eu mesmo jogado ao vosso domínio!...

– Contudo, não devemos esquecer que a nossa união política, agora efetivada de modo feliz, provocará a irritação da Aristocracia Romana, que avançara contra nós!

Aquietando por segundos, Neathea revelara algumas advertências dos deuses, obtidas em sua última visitação ao Templo de Hathor, em Dendera:

– Os deuses celestes advertiram-me quanto aos dias escuros de traição, fruto da malícia política, bem como grandes amarguras!... Devemos estar prevenidos...

O general, tomando as mãos da senhora, sustentara-as fortemente entre as suas, num sentimento estranho, temendo, verdadeiramente, as surpresas do futuro. Cebina, de forma inesperada, entrara no prazeroso quarto onde repousava o casal:

– Governador, não pude aguardar para vos passar às mãos a urgentíssima mensagem do Triúnviro romano, Octavius. Antonius, abrindo apressadamente o rolo, deparara com a explícita cólera e intimidação de Octavius, manifesta em suas palavras, chamando-o de retorno a Roma imediatamente.

Neathea empalidecera, depressa solicitando de Antonius informações do conteúdo da mensagem e, ao sabê-lo, sentara-se preocupada num banco...

O Governador da Anatólia, amargurado, encaminhara-se a Roma depois de um longo ano de intenso envolvimento com o Egito, seu povo e sua administração, de igual modo com a rainha lagídia. Partira tentando evitar qualquer represália do sobrinho de Gaius contra a sua preciosa aliada alexandrina. Caius Octavius Thurinus, fortalecido politicamente e utilizando-se de maliciosa persuasão, buscara de todas as formas chamar a atenção de Antonius, já definitivamente instalado em Roma, para a sua respeitável estirpe de magistrado romano, bem como para seu *virtus*[2] e poder, diante da pátria romana. Advertira-o da probabilidade de um exílio como traidor da nação, se permanecesse mais tempo entre o povo estrangeiro, absolutamente envolvido por seu entusiasmo.

Enquanto Octavius julgava conseguir vitoriosamente seu objetivo, inclusive, reafirmando a união do corajoso general com a sua belíssima irmã, Otávia, cujos dotes sempre o fascinaram, fora Antonius quem, clandestinamente, tencionava evitar uma guerra inútil contra Neathea, pagando o alto preço de seu afastamento do Egito. Desta sorte, Antonius se casaria com a jovem Otávia, abandonando qualquer esperança de um dia retornar ao Egito.

Enquanto isso as vidas nas terras distantes foram deixadas inalteradas. Mesmo assim, o militar jamais esquecera o coração deixado em Alexandria, ao qual declarara o seu legítimo amor.

* * *

Aproximados quatro anos passaram rapidamente, sem que, a princípio, a soberana soubesse dos acontecimentos em Roma. Posteriormente, a informação do Acordo de Paz com Octavius, assim como a do casamento de Antonius com Otávia chegariam a Alexandria. Decepcionada, Neathea resolvera dedicar-se integralmen-

[2] *Valor.*

te à administração do Egito, trabalhando, exaustivamente, de modo a esquecer para sempre Antonius. Lembrara, muitas vezes, com imenso pesar, que a ambição pelo poder e a astúcia política, em muitas ocasiões, mancham os sentimentos mais sagrados do espírito. Assistira morrer os próprios irmãos, por traições formidáveis, fora testemunha do covarde assassinato do esposo, Gaius, assim como tivera conhecimentos da bárbara revanche de Antonius contra senadores e cavaleiros romanos que se rebelaram contra o exímio general. Os que não foram eliminados empreenderam louca escapada, não impedindo que, num ato desesperado atentassem contra as próprias vidas.

Durante tormentosos quatro anos, a soberana lagídia ocultara de todos as suas amarguras, exceto de Sosígenes e de suas três criadas, repassando mil vezes em sua memória capítulos sobre a ética no governo, a decência e o respeito aos semelhantes... Concluíra, pessimista, que a honradez política, a imparcialidade na liderança, tal como os sagrados valores do coração, permaneciam, na maioria das vezes, ausentes nas atuações administrativas dos convocados aos altos cargos de comando.

Atarefara-se, como nunca, no preparativo político do "Pequeno Caesar" e no governo da terra amada. Neste período, o Egito prosperara expressivamente e grandes benefícios foram instalados em favor de suas coletividades.

Inesperadamente, numa manhã, uma importante mensagem seria encaminhada às suas mãos:

– Senhora, anotações do general Antonius acabam de chegar de Roma! – sussurrara Charmion entusiasmada, entrando disfarçadamente o consulado palaciano de audiências oficiais.

– Deixai a mensagem sobre a minha mesa, que num momento oportuno inspecionarei o seu conteúdo – respondera secamente, disfarçando a emoção e a surpresa.

– Com certeza, senhora!

Depois de despachar todas as resoluções daquele amanhecer, a soberana dispensara seus secretários e tomara o rolo com estranha expectativa. Ao fazê-lo, recordava-se de que o grão sacerdote de Dendera intermediara novas orientações dos deuses, informando as razões da permanência de Antonius em Roma, assim como o seu inacabável amor por ela e pelo Egito. Além do mais, o próprio carisma divino da sucessora de Ptolomeu Aulettes, já prenunciara tais verdades. Dessa maneira, aquela mensagem era esperada a qualquer tempo...

A mensagem não poderia ser mais feliz: Antonius retornava ao Egito, depois de quase quatro anos de afastamento.

Rapidamente a soberana providenciara uma comitiva para recebê-lo, bem como mandara confeccionar novas roupas.

O somatório de adversidades políticas e familiares resultaram em graves disfunções metabólicas no organismo físico de Neathea que, nessa época, lutava contra enfermidades gástricas aflitivas. Os médicos da corte de Alexandria prescreveram-lhe uma terapêutica à base de ervas medicinais, uma rígida dieta com produtos do mar e vegetais, bem como banhos termais com leite de cabras. Desta forma, aos trinta e dois anos de idade, os sacerdotes restituíram-lhe a saúde e a beleza dos vinte.

A imaginação popular transmitiria, distorcidamente, à posteridade dos tempos, que tais tratamentos curativos seriam tão somente invenção da excessiva vaidade, porém as lutas pela manutenção da saúde acompanhariam a rainha egípcia por toda a sua existência.

Nos idos daquele ano 37a.C., sete anos haviam se passado desde a morte de Gaius, ocasião em que outro expressivo general se uniria definitivamente à última rainha lagídia.

Mais sete anos transcorreriam para a morte de ambos, ocasionando o fim da última dinastia egípcia dos grandes faraós e rainhas, fechando dois breves e decisivos ciclos – segundo a milenar cultura secreta judaica, contida na Cabala –, destacando simbolicamente um significativo período de progresso para as sociedades terrenas...

* * *

Assim sendo, aproximados catorze anos transcorreriam até o início do novo governo de Roma, o qual traria o Cristo de Deus anunciado. Somando-se os algarismos do número catorze, destaca-se o indicante cinco, confirmando o término de cinco séculos de ardorosos investimentos espirituais em prol da Esfera Terrena, com a reencarnação dos mais significativos pensadores, literatos e filósofos.

Grandes vultos babilônios e persas, romanos e gregos, tais como Pitágoras, Sólon, Hipócrates, Sócrates, Platão e Aristóteles; destacados intelectuais, como Buda, Confucius e Ésquilo; extraordinários profetas como Ezequiel e Daniel, ao mesmo tempo generais de punho forte, à moda dos macedônicos Felipe II, seu filho, Alexandros, e o romano Gaius Julius Caesar, incumbidos de promover um surto expansionista esperado para o planeta, cada um operando de acordo com os seus particulares atributos.

Patenteia-se que o antigo mundo grego-romano – na trilha da implacável evolução – deixou como herança à posteridade estáveis referências, em forma de leis, princípios governamentais, sendo o pilar da democracia.

Destaque-se que, atendendo a este mesmo programa espiritual de desenvolvimento, o Senado Romano, com as rebeliões e pressões públicas, concluiria a criação das Assembléias de Plebeus. "O Direito Consuetudinário Romano"[3], surgido nos idos do ano 450 a.C., seria firmado pelos Decênviros – magistrados nomeadamente destacados para a constituição de regras políticas. Consecutivamente fora

[3] *Conjunto de normas não escritas, provenientes dos costumes tradicionais de um povo e que nele se encontram arraigadas; direito costumeiro, habitual.*

proclamada a *"Duodecim Tabulae"* ou *"Lex Duodecim Tabularum"*[4], mais conhecida como "A Lei das Doze Tábuas", origem do fascinante sistema jurídico da futura Roma Imperial, transmitida à raça humana e formando o alicerce dos códigos legislativos modernos.

Gradualmente, há milênios, cumprem-se na Esfera Física, a benefício do Gênero Humano, os sagrados ideais do Cristo Jesus. Transitam as individualidades de uma posição à outra, de um século a outro, percorrendo os mesmos caminhos, enfrentando desafios semelhantes, de modo a reafirmar os íntimos propósitos superiores.

Não seria por outra razão que a Humanidade futura receberia interessantes conhecimentos sobre a supersticiosa personalidade do Imperador Romano, Titus Flavius Vespasianus, que governou do ano 69 ao 79 d. C, de sua inexplicável adoração pela cultura egípcia e pela cidade de Alexandria, palco de seus empreendimentos seculares. Anotaria um exímio historiador: "Durante os meses que Vespasianus passou em Alexandria, aguardando a volta dos ventos de verão, estação em que o mar oferece maior segurança, muitos fatos ocorreram, pelos quais se revelaram a proteção do céu e o interesse que os deuses tomavam por aquele príncipe... Esses fatos redobraram o desejo que Vespasianus alimentava de visitar a sagrada morada do deus, para consultá-lo sobre as coisas do Império."[5]

..*

Uma luxuosa comitiva destacada por Neathea recepcionara, com honras oficias, o general Antonius e seu cortejo romano no Porto de Alexandria, conduzindo-o ao Palácio Real.

---

[4] *Os dez primeiros códigos foram preparados pelos Decênviros entre os anos 451 a.C. e 450 a.C. "As Doze Tábuas" combinavam regras, normas, leis, decretos etc. e até divulgavam as penas rigorosas e as condenações arbitrárias, pela infração dos mesmos. Foram promulgadas e inscritas em doze tábuas de madeira afixadas no Fórum Romanum. Os inscritos originais das Doze Tábuas perderam-se quando os gauleses incendiaram Roma no ano 390 a.C..*

[5] *Allan Kardec, O Livro dos Médiuns, cap. VII (Da Bicorporeidade e Transfiguração) - item 120. Tácito – Histórias, Livro IV, caps. LXXXI e LXXXII.*

Rapidamente ele surgiria aos olhos da mulher amada, com o coração nostálgico:

– Sede bem vindo de regresso ao Egito, general Antonius! Os deuses vos concedam longevidade e triunfo! – saudara reservadamente a soberana, escondendo o entusiasmo e a grande humilhação de ter sido substituída por uma nobre romana.

– Minha querida Neathea! Os deuses continuem a vos inspirar e proteger. Estais mais encantadora do que nunca! Como tendes passado estes anos?

Assim falando, curvara-se solenemente nos joelhos, beijando as mãos gélidas da senhora. Retirando discretamente as mãos dos lábios do oficial, dera vazão ao temperamento caprichoso e excessivamente orgulhoso, contestando visivelmente indelicada:

– Admiro-me de vossa repentina perturbação, general Antonius, uma vez que desprezastes o Egito por quatro longos anos. Fosse verdadeira a vossa preocupação, teríeis nos visitado ou, no mínimo, enviado um bilhete! Entretanto, sabeis que avançamos com as embarcações à toda vela, de progresso em progresso. Nada falta à grandiosa nação egípcia que esteja obrigado sob o monopólio dos arrogantes romanos!

Ao testemunhar a amargura instalada no coração do ser querido, o amigo justificara:

– Cara Neathea, possuís razões de sobra para rejeitardes a minha conduta! Todavia, como sacerdotisa de significativos dons, podeis consultar vossos deuses de minhas fidedignas intenções ao permanecer em Roma.

– Sabeis, general, que domino mais informações do que podeis imaginar! Entretanto, acrescento que ao tentar impedir uma represália de Octavius Thurinus contra o Egito e a minha pessoa, ficando em Roma, não vos constrangia a se casar com a bela Otávia.

A descendente dos lagídios cerrara os dentes e fechara serenamente o rosto, ao divulgar as informações obtidas de Sosígenes.

– Aliás, como vão as vossas filhas deixadas em Roma, general Antonius? Ouvi dizer que são anjos em forma de meninas, refletindo a beleza de Otávia e a vossa perspicácia.

– Neathea, deixai o sarcasmo por segundos e ouvi-me! Lamentei cada minuto vivido ausente de vosso amor, abatendo-me muitas vezes atormentado pela saudade. Revelais grandes verdades ao mencionar a beleza de Otávia e a graça de nossas filhas, porém, não me questionais se eu a amei verdadeiramente algum dia? Minha presença aqui em Alexandria – e espero que ela seja permanente – testemunha a favor de minha entrega a esta paixão que me atormenta, diariamente.

Num suspiro doloroso, a dama desejou lançar-se aos braços do homem adorado, diante de tão comovida confissão. Contudo, a excessiva arrogância não permitira.

– Muito bem, necessito atender a alguns assuntos inadiáveis! Ficai a vontade em nossas propriedades. Aqui sois recebido como um ente familiar. Vejamos quanto tempo durará a vossa aparição! E dando as costas partira sem virar o olhar. O honrado oficial romano ficara perplexo com a faceta intransigente da soberana. Menosprezado, não se rendera, uma vez que legitimamente reconhecia que a abandonara sem explicações, no auge de sua convivência. Charmion, excessivamente vinculada ao coração de Neathea e amando-a como uma mãe excepcional, reconhecia a grande afeição da patroa pelo general romano. Desta feita, tão logo a vira desaparecer entre os portais, aproximara-se do recém-chegado:

– General, perdoai-lhe! A saudade e a carência de vossos cuidados foram intensas!

– Exatamente iguais foram as minhas tristezas, boa Charmion.

– Por isso mesmo vos imploro. Ficai em Alexandria! Ela reconsiderará a atitude acirrada, pois sempre vos amou.

– Retornei a Alexandria para sempre, haja vista que jamais

desconsiderei os sentimentos de Neathea! Pude comprovar nos últimos anos que o afastamento dela é o esgotamento de meu ânimo existencial. Tenho certeza de que minha atitude ocasionará imediata vingança por parte de Octavius, principalmente depois de anulados Marcus Aemilius Lepidus e Sextus Pompeius.

– Entretanto, governador, será arriscado para Roma reprimir a desenvoltura política de Neathea unida à vossa destreza bélica, sem mencionar o poder das forças armadas do Egito! – expusera a secretária que, por toda uma existência, participara dos empreendimentos da Gestão Lágida de Neathea.

– Esta união já perpetrei em meu peito, prezada Charmion!

– Nossa soberana jamais a desconsiderou em seu coração nestes últimos anos, governador Antonius!... Milhares temem-na, milhões idolatram-na, enquanto enfrentando rebeliões, traições e disputas, faz-se poderosa para o povo que ama, no entanto escondendo uma saúde bastante débil e um coração angustiado.

– Algo extraordinário para uma mulher! Nem mesmo eu concebo tal poder em uma alma feminina. Neathea faz estremecer a política autoritarista de Roma! Tamanho louvor seu nome carregará para sempre! Ficai tranqüila, bondosa amiga, nunca mais a deixarei desamparada.

VIII
União Eterna

"Todos os santos vos saúdam especialmente os da casa de César."
(Paulo – Filipenses, 4:22)

"Uma afeição verdadeira é como uma alma em dois corpos."
(Aristóteles[1])

[1] *Filósofo Grego, discípulo de Platão, nascido no ano 384 e morto em 322 a.C..*

Breve extingue-se uma vida na terra, como o viço de uma flor matinal ou a brisa fria de um crepúsculo de primavera. Títulos, monopólios e o frescor da juventude serão, um dia, restabelecidos ao Criador, que os concedeu por empréstimo nos ensaios evolutivos.

Os cristãos da Antiguidade, que eram vistos como santos, existiram entre os ríspidos dominadores de Roma, conviveram com a riqueza, a libertinagem e a brutalidade, contudo impregnaram de emanações puras e com seus exemplos de humildade e altruísmo a atmosfera em que transitavam.

A confrontação íntima entre os incorruptíveis bens espirituais e a materialidade transitória um dia colocará o viajante da experiência física diante de definitiva escolha. Dolorosamente, para a maioria dos indivíduos, o precioso adversário a provocar tão espetacular oportunidade, há séculos, tem sido o sofrimento.

Desta forma, incontáveis vezes nos últimos anos, Neathea aceitara que o invencível poder egípcio e as tradições mais sagradas de sua nação perderam completamente o seu brilho. Distante dos afetivos cuidados do oficial romano, carente de suas incentivadoras palavras e de sua presença acalentadora, ela entristecera. Sua alegria acabara desde que ele retornara a Roma. Não fora pelo filho amado e pelo compromisso para com a sua nação, a qual necessitava proteger, certamente a existência teria perdido totalmente o sentido.

A dama não demorara a dominar o próprio orgulho, jogando-se nos braços da criatura querida, não suportando vê-lo tão próximo, sem confessar-lhe a saudade e solidão em sua terrível ausência.

Passados poucos meses, o casal, imensamente feliz, consorciara-se segundo as tradições egípcias.

* * *

Os períodos seqüentes àqueles dias do ano 37a.C. transcorreriam ilimitadamente clarificados de prosperidade, extrema alegria e grandes projetos. Jamais o Palácio de Alexandria presenciara tanta felicidade em seus espaços. O respeito dos ministros egípcios ao oficial romano era completo. Sosígenes e Dioiketes, os dois mais prudentes conselheiros da rainha lagídia, passaram a reverenciá-lo como um fidedigno faraó egípcio.

Em pouco tempo, Antonius estava planejando uma investida militar contra os persas, desconsiderando, por completo, as constantes intimidações de Octavius, extremamente furioso, não só em nome da irmã Otávia, como também pela deslealdade do general a Roma.

Passado quase um ano do regresso do general ao Egito nasceram seus filhos gêmeos com a soberana egípcia. Em honra ao grande antepassado macedônico e promovedor do ressurgimento da cultura egípcia, Alexandros III, deram o nome ao menino de Alexandros Helius; à menina, fizeram chamar Neathea Sélene, em honra à mãe.

Destaca-se a coerência das múltiplas vivências reencarnatórias sobre a terra ao constatar-se que o oficial romano acostumara-se de maneira impressionante ao cotidiano cultural, político e religioso do Egito. Vestia-se à moda egípcia sendo dominado pela livre ambição de proteger os bens territoriais e tradicionais da terra dos faraós. Amava ao jovem Cesarion, filho de Gaius, verdadeiramente, como aos seus pequenos Alexandros e Sélene, auxiliando a promover a sua formação política, de modo que um dia ele suportasse o comando da imensa pátria.

Numa sala de estudos, o jovem Ptolomeu XV, então contando aproximados dez anos de idade, recolhia-se para seus preparativos intelectuais junto ao seu dedicado mestre.

– Estimado Rhodon, preocupa-me observar estes inacabáveis duelos, ora dentro de nossa própria família, ora contra os romanos. No momento lutamos contra os persas... As disputas familiares mancharam a minha mente infantil, com marcas dolorosas, embora a maioria julgue a minha incapacidade de compreendê-las, por conta da pouca idade...

– "Pequeno Caesar", sossegai! Logo a vossa pátria viverá momentos mais felizes e uma definitiva tranqüilidade! Para tanto, é imperioso fazer-se respeitar diante dos adversários.

– Sem dúvida! A presença permanente do general Antonius ao lado dos interesses de mamãe ou do Egito tranqüiliza-me o coração atormentado, contudo... – suspirara a criança que falava com a madureza e o atilamento de um adulto.

– Não vos preocupeis, prezado Ptolomeu Cesarion, vossa descendência está protegida sob as bênçãos de Amon-Rá! Surpreende-me a capacidade de nossa rainha em arregimentar inesperadas resoluções nos momentos mais difíceis. O vosso amor a inspira, "Pequeno Caesar"!...

– Pouco depois do terrível assassínio do general Gaius, vossa mãe sustentou-se heroicamente de pé, em face da governança e dos bens do Egito, propondo-se até mesmo a ouvir o pacto político de Roma, por meio de Octavius Thurinus, conquanto jamais o tenha feito. Sustentou a fidelidade do General Romano Publius Cornelius Dolabella, um dos mais leais oficiais de vosso pai, apesar de interesseiro e hesitante, a peso de muito ouro e armamentos. Em correspondência, exigiu do oficial e de suas legiões irrestrita adesão na legitimação de vossos direitos sucessórios, ante Roma. Sois a maior demonstração da extrema dedicação de um coração maternal, estimado Ptolomeu. Tamanha é a sua veneração que, temendo perder o apoio de Dolabella na iminência da morte pelo gládio de Gaius Longinus Cassius, em Laodicea, enviou-lhe rapidamente quatro legiões egípcias em seu socorro. Atualmente, bastante satisfeito, Cornelius Dolabella aderiu aos exércitos de nosso General Antonius na Campanha contra os persas.

Os olhinhos do rapazinho encheram-se de lágrimas e deixando transbordar do coração sagrados sentimentos e emoções, revelara-as aos cuidados do constante aliado Rhodon:

– Contudo, minhas noites são repletas de pesadelos e maus presságios, bom amigo!

– As responsabilidades espirituais de um líder terreno são imensas, pequeno senhor! Certamente, ao protestardes tantos graves acontecimentos em favor de vossa futura governança, sentis um excessivo compromisso...

– Não estou certo disso, Rhodon... Entretanto, os nossos caminhos no mundo já estão marcados, não é mesmo?!

– Sem dúvida, estimado Cesarion! Marcados e, em vosso especial caso, assegurados pelos deuses – afirmara o dedicado tutor com presunçosa segurança. Agora deixemos para outra ocasião as preocupações prematuras e vamos aos estudos. Temos muito que analisar hoje!

..*

Enquanto passam os anos nas extensões egípcias, na longínqua Roma a irritação do triúnviro Octavius permanecia ardendo, quanto mais Marcus Antonius presenteava sua mulher lagídia com domínios romanos. As terras da Cirenaica e da Líbia, da Síria e da Cilícia, eram gradualmente oferecidas a Neathea e seus herdeiros.

Encontramo-lo em seu domicílio palaciano, em Roma, em reunião com alguns oficiais, a fim de tomar decisões emergenciais:

– Honrados magistrados de Roma, sabeis que depois de várias convocações para voltar à terra natal, atualmente o general Antonius encontra-se proibido de pisar o nosso solo, assim como encontram-se interditados os seus títulos de nobreza patrícia e privilégios militares, concedidos pela *Lex Titia*[2]. Cuidei pessoalmente de exo-

[2] *Lei Titia – lei romana aprovada no ano 43 a.C. que concedia amplos poderes aos triúnviros, durante cinco anos.*

nerar os seus familiares e amigos de quaisquer privilégios, visto que partiram vergonhosamente para Alexandria. A união dos cônsules Gnaeus Domitius Ahenobarbus e Gaius Socius a Antonius foi um baque irreparável. Ainda assim, fascinado pela feiticeira lagídia, ele insiste em sua tresloucada campanha de defender os interesses da nação, que, agora, tornou-se nossa adversária ferrenha.

O respeitado General Marcus Vipsanius Agrippa, casado com a primogênita de Octavius, acrescentara:

– Soubemos de seu vergonhoso fracasso no ataque contra os persas. Ainda que contando com o apoio do exímio comandante Dellius, não suportou o rigoroso inverno e recuou. Quem sabe, daqui para frente, decepcionado e farto das aventuras amorosas em Alexandria, não recobre a lucidez e busque um pacto de paz com Roma. Afinal, é um experiente general romano, que muito acrescenta às nossas instâncias militares!

Ao que Octavius corrigira:

– Ora, ora, General Marcus Agrippa! Eventualmente subestimais a real importância e a rígida personalidade de Antonius? Asseguro-vos que, em pouco tempo, avançará novamente contra os persas, provavelmente saindo-se mesmo vitorioso. Outrossim, antevejo que ele jamais regressará para Roma...

– Sem dúvida, Octavius! Antonius sempre demonstrou ser um revolucionário potencial! A influência do esperto Lentulus Sura não passaria desapercebida na formação de seus traços pessoais. Reservadamente, suponho que a influência de seu insubordinado padrasto, Publius Lentulus, o Sura, partidário do aristocrático patrício Sergius Catilina, tenha sido bem mais intensa do que possamos desconfiar! Sura jamais curvou seu brioso temperamento, ainda que tenha passado por terríveis castigos na prisão Tulllianum, naquele ano 63, quando denunciado por Lucius Sulla e preso com o seu cúmplice, Cornelius Cethegus.

Octavius, caminhando de um lado a outro, com a mente fervilhando de idéias rebatera, com manifesto dissabor:

– Antonius não se retirou para o Egito movido por uma vulgar paixão! Nunca acatei esta versão!... Constantemente procurei investigar seus mais preciosos segredos e sentimentos, desvendando uma alma possante e determinada!... Jamais expôs as suas manobras políticas por mero gozo pessoal!... De tal modo são as minhas concepções até o presente momento. Não obstante, infortunadamente percebo-o verdadeiramente rendido aos caprichos da detestável criatura que o privou de nosso precioso convívio! Injuriou-nos, abjurou os títulos e tributos de Roma, atraiçoou vilmente a todos os amigos!

Bastante agastado, o magistrado tanto discorria, quanto se locomovia sem parar privando os demais confluentes da reunião, de externarem os seus pareceres.

– Entretanto, não poupo ânimo de modo a influenciar a mente popular com a propaganda de sua alta traição! Declaro a público, em discursos e documentos, que o general renegou as suas tradições pátrias para se tornar um autêntico egípcio, dominado pela sensualidade da rainha lagídia. Afronta imperdoável! Assim sendo, não posso permitir que a plebe e o patriciado continuem a idolatrar um pérfido de tal monta. Exclusivamente aguardo o término do mandato do Triunvirato para colocar em vigência, oficialmente, as minhas resoluções de cassação!

O general Quintus Marus interviera:

– Pois bem, Octavius, ante a comprovação da desorientada situação do general Antonius, complicando-se demasiadamente com a vossa publicidade negativa, concluo que já existe um projeto em vossa mente para nos convocar a esta imperiosa assembléia! Projetastes algum plano?!

– Seguramente! Comunico-vos que tracei uma investida armada e, para o seu êxito, conto com todos vós! Avançaremos com as nossas legiões e esquadras contra Antonius e Neathea, tomaremos o Egito!

Ao mencionar em vigorosa entonação tal intenção, os olhos de Octavius chisparam num brilho assustador.

– Mostraremos a supremacia romana trazendo-os de regresso a Roma, não como convidados, mas como cativos de guerra! Lamentavelmente, essa será a minha única resposta a traição deste antigo amigo e aliado.

– Conheceis, caro Octavius, que a soberana detém uma superior força armada e um exército muito bem organizado, sem mencionar a colaboração dos experientes militares romanos, tais como Dellius, Candidus e Clodius, que lá permanecem fiéis a Antonius! Será uma investida arriscada – alertara o general Marcus Agrippa.

– Obviamente que estou sabendo de todos os detalhes, pois venho esquematizando essa investida há semanas. Além do mais, caro Agrippa, comunico-vos que sereis o meu maior aliado neste arrojo de guerra, por vosso talento e habilidade marcial. Destacando-vos, não tenciono desprezar os valores de Quintus Marus e Aurelius Fonteius, cujas habilidades muito servirão ao nosso objetivo. Por enquanto, resta-nos aguardar! A estação desfavorece a navegação e não coopera a nosso favor... Ademais, temos que esperar o período decisivo com a invalidação do pacto assinado no Triunvirato... Não tenho pressa, saberei esperar com paciência, certo de que obteremos êxito em nossa campanha!

* * *

Todavia, o tempo passaria de forma imperceptível, rapidamente surgindo o ano 33 a.C., trazendo, sobretudo para o Egito e para a bem-sucedida descendência ptolomaica estações mais felizes. Especialmente depois do triunfo dos exércitos do general Marcus Antonius na segunda investida sobre os persas.

Apesar disso, naquela venturosa temporada consolidava-se a extinção do "Segundo Triunvirato", conseqüentemente trazendo um triste prenúncio de guerra entre Roma e Egito.

Na intimidade do admirável edifício palaciano de Alexandria, o clã do general Marcus Antonius parecia viver alheio ao grande poder e insatisfação dos líderes de Roma.

O oficial romano e sua esposa egípcia, que acabara de dar a luz a outro herdeiro, encontravam-se num descontraído banquete comemorativo, no qual, além dos familiares e criados, repletavam os salões múltiplos convivas: amigos romanos, egípcios e outros estrangeiros, bem como todos os ministros e conselheiros.

O vitorioso general levantara-se do assento e alçara bem alto uma taça de ouro, enquanto perpetrava fortes batidas na mesa, com um talher, solicitando minutos de silêncio... Com um largo sorriso estampado na face fitava cada semblante presente, com olhos reluzentes. Depois de ligeira quietude propiciando instalar-se a calmaria no recinto, propôs:

– Prezados comensais, solicito alguns poucos instantes de vossa atenção! Ergo um brinde, em meu nome e da rainha do Egito, ao sucesso das legiões egípcias contra os persas, destacando como principais responsáveis por esta conquista os valorosos generais romanos e a armada egípcia, assim como aos ilustres conselheiros Sosígenes e Dioiketes. Participo a todos que nomeei meu adorado filho, Alexandros Helius, "Rei da Armênia e da Parthia"; à minha filha, Neathea Sélene, concedi o título de "Rainha da Cirenaica e da Líbia"; ao meu precioso pequenino, Ptolomeu Philadelphus, outorguei a titulação de "Rei da Síria e da Cilícia".

Sob uma ruidosa salva de palmas, o general acenara animadamente com a mão direita, pedindo calma e prosseguira:

– Brindo à minha união eterna com Neathea Philopator, minha amada esposa, cujos valores incomuns dominaram um audacioso general de Roma e a quem dedico o laurel de "Rainha dos Reis e Rainha do Egito". Ao nosso precioso Ptolomeu XVI Philomentor, o "Pequeno Caesar", filho do imbatível general romano, Gaius Julius Caesar – a cuja memória também ergo um brinde por seus inolvidáveis feitos e expressivas conquistas por Roma –, nomeio para a eternidade "Rei dos Reis e Rei do Egito".

Depois da calorosa aclamação, a grande alegria tomara conta do ambiente, no qual os requintados pratos eram fartamente servidos, belas dançarinas dançavam ao som das cítaras, flautins e tiorbas.

Antonius sentia-se especialmente comovido ao aclamar os familiares através da consignação legislativa chamada por ele "Doações de Alexandria". Contudo, uma mescla de entusiasmo e profunda amargura subitamente invadira-lhe a alma, como se assinasse para a eternidade um invencível código de transformação de um período, que se tornaria imortal. Fixara o olhar longa e apaixonadamente no perfil da esposa, soberbamente trajada, cujo olhar refulgia num brilho dominador, ao mesmo instante, enormemente encantador...

Considerava, em segredo, que a amara instantaneamente com todo o vigor de sua alma, como jamais amara a qualquer outra mulher, não imaginando a existência sem a sua companhia.

Observava-lhe, afetuosamente, a face sorridente e no peito questionava: *"Que grande poder nos uniu em tão íntima cumplicidade de corações?..."* Reconhecia que aquele admirável encontro fora um consentimento da Suprema Vontade de Amon-Rá e da concordância dos deuses, pois aquela enorme afeição parecia surgir da profundeza de suas almas, de tempos imemoriais...

Aproximando-se da senhora, abraçara-a ternamente e beijara-lhe a fronte, num rompante tão imprevisto, que ela se maravilhara. Segredando ao seu ouvido, entregara-lhe *in aeternum*[3] o mais san-

---

[3] *Tradução: eternamente; para sempre.*

tificado sentimento de sua alma, sem que a festiva confluência de pessoas notasse a sua repentina sensação de felicidade:

– Sem o vosso amor, Neathea, nada disto valeria: nem as honrarias, nem o prestígio, nem mesmo a existência... Amo-vos infinitamente, minha querida! Que os deuses celestes resguardem a nossa imortal união!

A dama, sorrindo serenamente, afagara a face do esposo adorado e achegando os lábios à sua fronte acaricia-a com um ósculo, mergulhando em seu olhar de eternidade, que a consumia e fascinava.

IX
O Embate de Actium

"Verdadeiramente prudente é aquele que considera todas as coisas da terra como lodo, para ganhar a Cristo."
(Paulo – Filipenses, 3:8)

"Sim, Lucilius, a nossa alma não possui título algum que mais fale de sua alta origem do que o seu desprendimento pela estreita prisão em que se agita, e a sua coragem em saber deixá-la."
(Sêneca[1], "O Naturismo em Sêneca")

[1] *Filósofo Estóico nascido no ano 4 a.C. e morto em 65 d.C.*

Iniciara o ano 32 a.C. encontrando Caius Octavius Thurinus em crescente poder e influência, bem como pronto para realizar os antigos planos de avançar contra o Egito. Pacientemente e movido por inacabável desgosto, cultivara com requinte, ao longo de três anos, a campanha contra Antonius e a rainha lagídia.

Reunido aos seus comandados, alertara-os com extremas recomendações:

– Agrippa, estai precavido, que partiremos para a Costa Ática em duas semanas! Atualmente, após o divórcio de Antonius e Otávia, assim com o término da vigência de nosso pacto, todas as minhas antigas decisões tomam aspecto oficial: o general romano é exilado por deserção e alta traição à pátria.

– Octavius, há grande agitação entre o povo e inquietante oscilação por parte de alguns senadores... – propagara apreensivo e reticente o general Marcus Agrippa.

– Certamente porque ainda recordam os discursos de Antonius na ocasião das exéquias de Gaius Julius, ante toda a Roma, o que corrompeu o imaginário popular. A despeito disso, em pouco tempo a população romana aderirá à nossa causa: nobres, plebeus e magistrados.

– Mesmo porque a vossa perniciosa publicidade tem sido enormemente eficaz, nobre Octavius! – caçoara com manifesto escárnio o militar Agrippa.

– Nesta altura dos acontecimentos, não posso perder as menores oportunidades, tampouco confiar no futuro... A astuta governante dos lagídios repetidamente demonstrou possuir surpreendes estratagemas para ressurgir das cinzas!... – assegurou Octavius.

– De fato, a batalha precisa ser eficaz, sem chances de qualquer fracasso! Se alguns poucos soldados romanos relutam em afrontar a bravura de Antonius e de sua cúmplice, por outro lado tenho visto um grande número de combatentes, cidadãos e autoridades, plenamente convencidos dos artifícios mágicos da feiticeira Neathea, utilizados para dominar os generais romanos e para se apropriar dos bens do Estado Romano – gargalhara prazerosamente o comandante Marcus Vipsanius Agrippa.

– Não duvido, bravo Agrippa! Em seguida ao meu discurso público acusando-a de maléfica encantadora, incestuosa e de uma vulgar embriagada, que se entrega à luxúria desenfreada, instalou-se um escândalo de largas proporções e todos estão categoricamente convencidos de sua vilania. Entretanto, tenho procurado atrelar a tresloucada deserção de Antonius aos prejudiciais artifícios mágicos da sacerdotisa egípcia. A nossa luta, como está sendo amplamente divulgada, será, em essência, contra ela.

– Agis com bom senso e cautela, Octavius, ao defenderdes Antonius, à vista da sociedade e do Senado Romano exonerando-o das incriminações políticas... Exaltemo-lo como vítima cega de uma paixão, ante o povo e a aristocracia, desse modo estaremos intercedendo por nós próprios!...

– Sem dúvida, Agrippa! É como percebo a situação passados os momentos mais acalorados de rancor! Nosso dever é salvaguardar a altiva linhagem romana, de modo a garantir o respeito e firmar o brio de nossa superior estirpe!

– Alerto-vos, outra vez, que devíeis considerar o poderoso exército de nossa adversária, ostentando um poderio armado bem maior do que o nosso, com o competente general Antonius à testa.

– Confiai, Marcus Agrippa! Possuo minuciosas anotações do poderio egípcio, contudo em nada ele me intimida! Não desconsidero que a soberana vangloria-se da vantagem de possuir trinta mil homens a mais em relação aos nossos setenta mil soldados. Estou atento para a irretorquível realidade: temos aproximadamente o mesmo número de carros de guerra, mas o Egito retém uma superpotente frota de quinhentos navios de combate. Sois exímio nos combates marinhos, caro Agrippa. Lembrai: o mar será o nosso aliado para a certeira vitória!

O encontro terminara cada qual buscando aprontar-se para a partida na campanha bélica contra o Egito.

Declarada oficialmente a batalha, ambos os lados colocaram-se em posição. Octavius seguira com as legiões romanas, especialmente interessado naquele confronto. Dominar a presunçosa rainha lagídia seria um de seus maiores triunfos.

Os egípcios já estavam organizados para a defesa e Neathea não abandonaria o esposo naquela campanha, que definiria as suas vidas futuras, liderando parte das armadas.

No entanto, retrocedemos ao momento das despedidas no palácio de Alexandria, quando os pais carinhosos abraçavam emocionados os filhos, alertando as criadas e os ministros com mil recomendações:

– Sosígenes, declaro-vos plena autoridade nas decisões emergentes no Palácio de Alexandria, relativas à segurança de nossa nação e a proteção de nosso povo! – autorizara Antonius, indisfarçavelmente abalado, ao constante e incorruptível ministro, que há décadas caminhava ao lado da soberana egípcia.

– Ide em paz governador, tudo permanecerá sob a minha rigorosa vigilância! A providência do soberano Amon-Rá e a energia vencedora de Osíris estarão convosco! – retribuíra o velho Sosígenes, tocado no fundo da alma por um estranho sentimento.

– Escutai, Charmion! O deus Anúbis e o Sumo Tuth receberam de regresso da saudosa Cebina à Mansão da Luz; a "Pena da Virtude" não se abalou ao ser pesado o seu puro coração na "Balança da Verdade", vencidos tantos anos de profícua existência. Atentai, Iras! Ao lado de Charmion, sois minha mais leal servidora: entrego aos vossos cuidados o meu valioso tesouro, meus quatro filhos!

Defendei-os com as vossas vidas, protegei-os de todo perigo e eu saberei vos recompensar! – suplicara a mãe dedicada, secando um pranto discreto, cujas dedicações maternais não se comparavam às obrigações da governante de uma grandiosa e milenar civilização.

– Senhora, sossegai o vosso coração! Avançai em defesa dos bens da pátria que reverenciamos, como a maior defensora de seus valores, como sempre fostes! Os deuses celestiais não vos desampararão! As crianças ficarão em segurança – confirmara Charmion deixando vazar um triste lamento.

– Pessoalmente, e auxiliada por Iras, protegerei as crianças com a minha própria vida, fazendo-o espontaneamente por amor a elas e a vós!

De repente, a criada dobrara-se nos joelhos e beijara as mãos de sua soberana, molhando-as com as lágrimas de seu reconhecimento, em seguida imitada por Iras, hesitantes e temerosas se a veriam novamente.

A filha eleita de Ptolomeu Neos Dyonisos Aulettes, aproximando de cada um dos filhos, abraçara-os e beijara-lhes as faces repetidas vezes, notadamente preocupada com o pequenino Ptolomeu Philadelphus, que mal pronunciara as primeiras palavras e com o rapazote Cesarion, contando aproximadamente quinze anos, sendo ele o seu grande tributo de carinho:

– Cesarion, meu filho, sabeis que estais exposto a grandes ameaças por possuirdes a superioridade da nação egípcia e por serdes o oficial herdeiro de Caesar. Recolhei-vos no santuário em preces suplicando a proteção de Amon! Rhodon possui rígidas instruções minhas. Diante de qualquer trágico acontecimento, segui-lhe as determinações.

Ao recomendar, acariciava-lhe a cabeleira negra submersa num oceano de inquietações e sombrios pressentimentos.

– Mamãe, acalmai o vosso espírito – suplicara o jovem acariciando a face da genitora que amava sem medida –, se nos tirarem o país e os bens, ou mesmo as vidas, possuiremos eternamente o amor uns dos outros, diante da Verdadeira Vida, na Mansão da Luz! Não é isso que nos ensinastes, com tanto rigor, do milenar conhecimento dos sacerdotes egípcios?!

– Sem dúvida, meu querido. Entretanto ainda há tanta ignorância em nosso conhecimento pelos caminhos do mundo, tendo em vista que o caloroso apego aos corações afeiçoados sufoca-nos a razão espiritual!

Depois das extremas advertências partiram prontamente.

Antonius escolhera a costumeira toga[2] de linho branco sob a couraça[3] bordada em reluzentes relevos e uma longa capa atada à altura das espáduas, com adornos de ouro, lançada às costas. À cabeça reluzia o elmo[4] com fartas plumagens de cor escarlate, bem como flamejavam as tradicionais armas de combate que empunhava, pois desejava lutar como um autêntico militar romano, que sempre fora.

Marchando em seu belíssimo cavalo, à frente do grandioso exército estrangeiro, jamais poderia supor que um dia estaria combatendo os de sua própria estirpe. Reconhecia, enquanto seguia em direção ao porto de Alexandria, que aqueles soldados egípcios, cuja atual procedência trazia a mescla do sangue grego e asiático, arábico e dórico, migrados para o Egito e incorporados à descendência dos primeiros egípcios, seguiram-no fielmente, dedicando-lhe reverência desde os primeiros momentos em Alexandria...

Enquanto caminhava no compasso da marcha de guerra, refletia: *"Que mistérios a existência esconde? Qual a explicação para o tamanho apego à pátria dos faraós e à jovem soberana que conhecera*

[2] Peça do vestuário, espécie de manto ou capa longa e ampla que se usava trançada sobre o corpo.
[3] Armadura feita de metal ou couro usada por soldados para proteger o peito e as costas.
[4] Capacete de metal que protegia a cabeça.

na flor dos vinte e sete anos, dominando para sempre o seu endurecido coração, acostumado aos desvarios do sentimento?!"

Simplesmente conseguia responder a si mesmo que os motivos certamente estariam aos cuidados dos céus, na explicação das infindáveis existências, como profetizava o conhecimento iniciático egipciano, adotado pelos sacerdotes de Alexandria, por recomendação de Neathea.

Um estranho entorpecimento dominava a alma do general, que repassava os menores acontecimentos de sua existência. Apreciava novamente a feição de sua mãe, Júlia Antonia, oriunda de destacada família nobre, enquanto seu pai, Marcus Antonius Creticus procedia de família de oradores habilidosos.

Resgatava da lembrança que o genitor morrera em sua meninice e que a educação oferecida por seu padrasto, o cônsul Publius Cornelius Lentulus, alcunhado Sura, decisivamente influenciaria – em tempos futuros – a sua personalidade juvenil insubordinada e irritadiça.

Súbito resgatara das dobras da memória o quanto lamentara dolorosamente o assassinato do padrasto, envolvido nas terríveis conspirações no Senado, deixando-o com apenas vinte anos de idade.

Emergiam reminiscências preciosas, no decorrer da vagarosa jornada, que amara verdadeiramente a Publius Lentulus, porquanto fora o legítimo pai que ele e os irmãos conheceram...

No entanto, aquele perverso evento o faria perseguir, insistentemente, as próprias realizações, amontoando fortuna e partindo para Atenas, incorporado à cavalaria do procônsul, Aulus Gabinius, a fim de aprimorar-se em Retórica, a sua grande vocação. De forma curiosa, relembrava que naquela ocasião da juventude, a caminho de Atenas, sentiu um entusiasmo vigoroso invocando-o para a proximidade do Egito e, pela primeira vez, visitaria Alexandria...

Examinava na madureza dos cinqüenta e dois anos de existência, que na mocidade cria firmemente na máxima: *"Aquele que dominar a palavra dominará o mundo"*.

Afeiçoado à elegante oratória, culta e convincente, julgava-a, no passado distante, imprescindível instrumento para o célebre político que almejava tornar-se... Contudo, no decurso das idades e pelejas, reconhecia: exímios discursadores e destacados líderes jamais se furtaram dos embates morais e as suas amarguras nunca foram menores...

..*

Não demoraria e um violento combate deflagrara-se, logo resultando na perda de navios e escassez de provisões, sem mencionar o significativo número de baixas, especialmente por parte das forças egipcianas. Com grande destreza, o experiente general Marcus Agrippa, genro de Octavius, tomara Actium e o porto de Metone, o que tornara nevrálgica a posição das forças egípcias. Daí em diante, a vitória romana estaria consolidada.

A boa estrela não brilharia para as esquadras comandadas por Antonius, Dellius, Candidus e Clodius, com a agravante da adesão das províncias da Cirenaica e da Grécia aos romanos, por covardia e temor. Desta forma, os inimigos do Egito dominariam a costa ocidental grega, ao final do ano 31 a.C.. Nesta conjuntura, o panorama para os dois lados se definiria drasticamente.

Primordialmente, Candidus e Clodius não primaram em seus desempenhos bélicos, acostumados ao embates em terra firme. Dellius não conseguira sustentar a estratégia delineada pelos líderes egípcios – habilíssimos em combates marinhos –, por mera inadvertência humana ou ainda porque a superior destreza militar romana concentrava-se nas batalhas campais.

Os generais romanos coligados aos interesses do Egito haviam fracassado. Para a personalidade orgulhosa de Antonius era colossal a infâmia e o vexame, defronte os exércitos de Octavius e do poderio romano!... Clodius e Candidus deixaram uma perigosa abertura na defesa dos navios egípcios, tendo em vista as dificuldades nas manobras pelos fortíssimos ventos, pela qual Agrippa penetrara astutamente. Antonius prevenira aos seus comandantes romanos que, se a batalha se distendesse demasiado por mar, com prejuízo para a armada egípcia, jamais deveriam continuar, resguardando-se da exímia experiência de Agrippa nos combates oceânicos. Melhor seria retroceder! Poupar soldados, embarcações e armamentos para uma futura ação em terra, onde a destreza de Antonius era comprovada e superior, evitando-se qualquer risco de derrota.

Todos sabiam deste aviso e quem se encarregou de dar o sinal de partida fora a rainha egípcia, situada em posição estratégica, de onde controlava o embate. Deste modo procedera e, tão logo constatara a falha de Dellius, partira liderando cerca de sessenta navios. Antonius acompanhou-a numa manobra naval espetacular, afastando a sua pequena frota. Apesar disso, as invencíveis e traiçoeiras borrascas retiveram a passagem da maioria da força naval egípcia... A armada restante cercada e desamparada, pela triste fatalidade, ficara desorientada. Os soldados egípcios que não foram mortos ou aprisionados, padeceram queimados no interior de seus navios, completamente incendiados.

Octavius, bastante otimista, despachara ordens para uma imediata captura da governante fugitiva, uma vez que estava seguro de seu triunfo ao sobrepujar a maior parte das Forças Náuticas Egípcias. No entanto, por imperiosa necessidade e em conseqüência das rebeliões entre os homens de seus exércitos, alucinados por excessiva ambição sonhando com as riquezas do Egito, tivera que ancorar na Ilha de Samos.

Octavius vira-se constrangido, naquele momento decisivo, a seguir para o porto de *Brundisium* ou Brindisi, mais ao sul, possessão de Roma onde se inflamavam as revoltas dos soldados romanos, forçado a permanecer na ilha por cerca de um mês, acalmando os amotinados.

Resmungava, seguidamente, que eram os encantamentos da feiticeira egípcia que faziam sempre os romanos se revoltarem contra eles próprios! Contudo, depois daquele período, rumara rapidamente para Alexandria.

..*

Retornando aos momentos do regresso dos navios de Neathea a Alexandria, tendo feito todo o percurso sob terrível tempestade, a governante despertou para o fato de um provável fracasso egípcio, visto que ninguém a acompanhara. Dominada por ameaçadores sentimentos, partira veloz e desesperadamente para o palácio, de modo a proteger a família.

O general Antonius, voltando ao Egito sob as mesmas condições climáticas, sofreu um terrível naufrágio, tendo sido sua armada devastada por gigantesca tempestade.

Abrigou-se com seus soldados numa porção de terra próximo a Rhodes, saturados de cansaço, fome e ferimentos. Depois de várias semanas do acidente naval, os oficiais foram identificados na ilha por duas naus egípcias, remanescentes da batalha. Os recém-chegados eram comandados pelo general Clodius que informou ao seu líder, o General Antonius, que os fortes das fronteiras de Alexandria acabavam de ser cercados por Octavius.

Preso naquele pedaço de terra, completamente desprovido de qualquer força armada e incapaz de uma reação, enfraquecera-se, alucinado, imaginando o que estaria ocorrendo com seus familiares.

Inesperadamente deliberou algo decisivo, fruto de sua mente adestrada nas estratégias militares. Jamais se entregaria a Octavius gratuitamente. Sabia que o líder do Estado Romano o desejava vivo, já que não desconsiderava a sua preponderância e prestígio junto às classes romanas, por seus atos passados, sobretudo em benefício das hierarquias mais desfavorecidas... Negociaria com ele, à distância, a segurança do Egito e de seus familiares.

– Caro Clodius, escutai-me! Desconheço os motivos pelos quais Octavius somente a esta hora aporta Alexandria, visto que padecemos nesta ilha há semanas... Todavia, acende-se uma esperança em meu coração, quando eu já reconhecia a irremediável derrota! Desejo escrever!

Vejo que conduzis duas embarcações remanescentes do embate. Ainda que em situação precária, serão capazes de ancorar no porto de Alexandria em segurança!...

– Clodius, suplico-vos comandar uma delas, em meu nome. Ide a Octavius como meu representante propor um pacto urgente de paz. Dizei que eu me entrego ao julgamento de Roma, entretanto que ele poupe as vidas que me são preciosas. Buscai Neathea e dizei que permaneço vivo e aguardando, ansiosamente, por revê-la! Ide, pelos deuses, antes que seja tarde! – ordenara o combalido general a Clodius, um de seus mais destemidos oficiais.

– Reuniremos um número de hábeis soldados para vos acompanhar.

Acometido de um frêmito angustiante, Antonius vira-os partir com o sinistro pensamento de que nunca mais veria a mulher amada.

..*

Durante os séculos vindouros, competentes investigadores da História das Civilizações se perguntariam dos motivos da inusitada retirada da rainha egípcia, assim como da derrota do general Marcus Antonius, possuidores que eram de superiores chances, em número de soldados e navios...

Certamente, nem mesmo eles próprios saberiam esclarecer, uma vez que há formidáveis acontecimentos na terra, que de tal forma alteram a rota do progresso das civilizações e cujas direções estão nas decisões sábias do Plano Superior...

No plano de observação espiritual no qual me encontro, desfeito do pesado fardo carnal, vencidos milênios de lutas inomináveis e convidado pelos elevados Diretores da Vida Verdadeira à condução desta autêntica narrativa, é meu dever esclarecer: não fora o lapso de Dellius, o incêndio de diversas naus egípcias, a tempestade cruel ou os ventos intolerantes, outros eventos definiriam as sagradas intenções do excelso Governador da Esfera Terrena, para o Egito e para a Roma Imperial daqueles dias.

Há episódios decisivos que assombram, incontáveis vezes, as sociedades mundiais, mas que foram conduzidos ou programados na Esfera Espiritual Superior, muito embora escapem à apreciação precipitada dos encarnados, porém, sempre em favor do progresso e das transformações sociais necessárias. O sucedido àqueles dias do passado, na conhecida "Batalha de Actium" fundamentava-se em decisões muito acima da restrita compreensão meramente humana, visto que em benefício de almejadas mudanças ascensionais para aqueles tempos e contribuindo para o indispensável Progresso para todos os seres.

X
A Última Lagídia

"Depois, se levantará um Rei poderoso, que reinará com grande domínio e fará o que lhe aprouver. Mas, no auge, o seu reino será quebrado e repartido para os quatro ventos do céu; mas não para a sua posteridade, nem tampouco segundo o poder com que reinou,porque o seu reino será arrancado e passará a outros fora de seus descendentes. O rei do sul será forte, como também, um de seus príncipes; este será mais forte do que ele, e reinará e será grande o seu domínio."
(Daniel – cap. 11:3 a 5)

"Considerai-vos como hóspede e peregrino neste mundo, como se nada tivésseis com os negócios da terra. Conservai livre vosso coração e erguido a Deus, porque não tendes aqui morada permanente."
(Tomas de Kempis[1], "Imitação de Cristo")

---

[1] *Frei Agostiniano, nascido no ano 1380 da Era Comum, em Kempen, Alemanha, e morto no ano 1412, em Zwolle, Utrecht.*

No interior do palácio, após chegar em Alexandria, Neathea deliberara tomar drásticas resoluções, ciente de que algum funesto acontecimento ameaçara Antonius, pois não percebera os remanescentes navios egípcios a escoltarem-na, conforme fora combinado.

– Sosígenes, aprontai rapidamente uma armada para descer o Mar Vermelho, no intuito de atingir, através do oceano arábico, a proteção das terras indostânicas[2]. Rhodon deve partir imediatamente protegendo Cesarion. Principalmente ele, como o legítimo herdeiro do prestigioso Caesar, representa ameaça ao poder sucessório de Roma. Octavius jamais o poupará! Quanto às demais crianças, buscaremos defendê-las, aqui mesmo, de todas as formas. Imploro a Amon conceder a meu amado filho uma chance de construir um novo lar nas distantes terras, com aquilo que pudermos salvar, antes da pilhagem dos romanos. Caro Sosígenes, carregai as embarcações com todas as riquezas que puderem ser levadas.

Depois de um suspiro preocupado e de uma súbita mudez, como a mergulhar num abismo de tormentas, prosseguira:

– Não antecipo um futuro para mim, bom amigo, uma vez que se Cesarion estiver protegido, assim como os meus demais filhos, estarei em paz. Desejo, mais tarde, reunir-me convosco, com Dioiketes e os sacerdotes, de modo a providenciarmos a busca de Antonius e a possibilidade de uma possível resistência. Contudo, encontro-me pessimista...

E tomada por grande desespero, a soberana coloca em prática uma geniosa idéia: ordenou transferir os navios egípcios de guerra, desde o Mar Mediterrâneo, até o Mar Vermelho, ou seja, os soldados arrojaram as grandes embarcações através de quilômetros de ermo desértico. Não contasse Octavius com o apoio dos aliados árabes, no Mediterrâneo, a astúcia da governante obteria grande êxito...

[2] *Relativo ao Hindustão, região do alto do rio Ganges.*

– Conservai-vos serena, senhora! O supremo Amon há de conceder-vos a oportunidade de estabelecer um próspero acordo de paz para o nosso Egito, com os chefes romanos. Não vos prostrais tão desanimada!

Neathea, sorrindo com bondade e gratidão, acolhera a sugestão do velho amigo Sosígenes, contudo escondendo no coração a irrevogável decisão de jamais se render a Octavius.

..*

Num curto período de tempo, os navios de Neathea desciam o Mediterrâneo, transportando em seus bojos os tesouros egípcios, porém o maior de todos era o "Pequeno Caesar", cuja vida, a todo custo, ela desejava poupar. Os quase trinta dias que Octavius tivera que permanecer em Brindisi possibilitaram à soberana desembaraçar urgentes decisões junto aos seus conselheiros, inclusive aprontando o exército e a cavalaria na defesa de Alexandria, que permaneciam de prontidão.

Apesar dos contratempos, o persistente general romano Octavius, depressa estava acampado nos perímetros de Alexandria, enquanto Antonius estacava-se no meio do oceano, impedido de alcançar Alexandria. Somente depois de avistado pelo Comandante Dellius inteirou-se do cerco dos exércitos romanos à capital egípcia.

O sobrinho-neto de Gaius Julius Caesar decidira enviar uma mensagem à soberana lagídia, receoso de que ela e o esposo escapassem ou reorganizassem um imprevisto cometimento militar, retirando-lhe o deleite de apresentar a lagídia como o maior de todos os troféus de guerra, acorrentada através das ruas de Roma.

Assim sendo, Octavius convocara rapidamente o seu escriba de campanha, ordenando:

– Registrai, Helvecius Curo, as minhas palavras de clemência à presunçosa lagídia, decisivamente derrotada! Se ela e Antonius forem previdentes, acatarão a minha intimidação e o escriba assim o fez:

Caius Octavius Thurinus, representante da República Romana, empossado de sumo poder, determino a rendição da Rainha do Egito, Neathea VII Philopator, e do General Marcus Antonius em troca da preservação de suas próprias vidas, de vossos descendentes e sacerdotes. Aguardo a apresentação dos subjugados líderes do Egito, doravante possessão absoluta de Roma, e não há qualquer concessão maior de tempo, além de quatro dias.

– Enviai imediatamente, Helvecius! – ordenara o magistrado, ansioso pelo término daquele angustiante impasse, depois dos importunos imprevistos.

No Palácio Real, ao receber o pergaminho, a soberana prostrara-se admirada constatando que, mesmo Octavius ignorava o paradeiro de seu esposo, já que dirigira o ultimato a ambos. Deste modo, inflamara-se o coração da combalida senhora de novas esperanças de encontrar o esposo a salvo.

– Iras, apressai-vos a chamar Dioiketes e Sosígenes. Tenho uma decisão a tomar e desejo consultá-los imediatamente!

A criada, acenando afirmativamente com a fronte, saíra velozmente atrás dos passos do Ministro Dioiketes e do Sábio Sosígenes. Não demoraria muito e o conselheiro apresentava-se à frente de sua senhora, visivelmente debilitado.

– O que passa, Sosígenes? Onde esta Dioiketes? – questionara a soberana bastante preocupada, pois cada acontecimento era de vital importância naquela hora drástica.

– Estimada Governante de nosso Egito, com imenso pesar informo que Dioiketes sorve seus últimos instantes de vida consumido pela velhice e pela enfermidade.

A dama empalidecera, visto que não só confiava integralmente em seu notável ministro, cujos valores sustentaram-na no governo da nação ao receber o mandato, com apenas dezoito anos de idade, bem como o apreciava como grande e fiel amigo. Controlando a emoção e a angústia, interessara-se:

– O que me dizeis, Sosígenes?! Que maior dano poderia nos acontecer nesta hora grave? Nosso insubstituível Dioiketes deixa-nos a sós! Cuidai, bondoso Sosígenes, para que nada lhe falte e sejam garantidos todos os seus desejos, na extrema senilidade... É o mínimo que posso fazer por este companheiro do Egito de tantas décadas. Agora, escutai-me! Recebi um ultimato de Octavius propondo a mim e a Antonius uma rendição, em troca da preservação de nossas vidas e de meus filhos, o que me fez deduzir que, como nós, ele desconhece o destino de Antonius. Concedeu-me quatro dias, tempo suficiente para intensificarmos as buscas de meu esposo e, juntos, ajuizarmos num recurso para salvar o Egito. Deste modo, responderei à mensagem afirmando que me apresentarei dentro de quatro dias, como Regente do Egito, exonerando Antonius do tal encontro... Todavia, deixarei bem claro a Octavius que jamais o farei por opressão ou na condição de prisioneira, mas livremente, para um admissível entendimento... Enquanto isso, Sosígenes, por Amon, providencie a busca de nosso general!

Sem controlar mais o grande sofrimento, a senhora desabara sobre um assento e, inclinando a cabeça sobre uma pequena mesa, chorara convulsivamente.

O ponderado conselheiro aproximara-se, imensamente atingido no íntimo do ser, ao assistir as enormes lutas enfrentadas por aquela mulher destemida e de iniciativas extraordinárias. Emocionado e com o olhar marejado de lágrimas, o velho ministro recomendara paternalmente:

– Cara senhora, jamais vos observei neste tamanho estado de abatimento. Perdoai-me a sinceridade, visto que no transcorrer dos anos, assistindo-vos à cabeceira de um poderoso governo, sempre forte e resoluta, esquecia-me de que éreis apenas uma mulher, mãe e esposa, indicada pelos deuses para tão grandiosos compromissos! Buscai nos deuses as forças e elas vos serão concedidas. Jamais vos abandonarei. Minha completa dedicação a vós e à minha pátria será indestrutível!

A dama, secando o pranto abundante, segurara ternamente as mãos tremulantes e enrugadas do servidor amigo, agradecendo o grande carinho e dedicação, decisivamente paternais...

Ao vê-lo em sua compleição débil, conscientizara-se – como que atingida por um relâmpago – que não percebera o tempo transcorrer para o sábio conselheiro. Somente naquele momento decisivo notara-lhe a face encarquilhada e a cabeleira completamente esbranquiçada.

– As graças de nossos numes celestes recaiam sobre a vossa alma íntegra e honesta, abençoado Sosígenes! Não existem expressões humanas com as quais eu vos possa agradecer. Deixo ao vosso nobre coração o meu infinito reconhecimento!

O conselheiro, beijando as mãos da senhora, com reverência e paternal adoração, pedira licença para retirar-se.

Enquanto tais ocorrências se desenrolavam no suntuoso domicílio, uma embarcação ancorava no cais principal de Alexandria. Tratava-se do navio de Clodius, emissário de Antonius, chegando com uma proposta de acordo, da parte de seu General.

A notícia se espalhou rapidamente e Clodius, em passo acelerado foi encaminhado à presença do general romano Octavius. Repassou-lhe às mãos a missiva que foi lida com ansiedade, sob o olhar aflito do emissário de Antonius.

– Ora, ora, que admirável! Enquanto eu pensava que Marcus Antonius estivesse aqui em Alexandria, ele próprio notifica-me que se encontra em local secreto, fora do Egito, pronto para se entregar em favorecimento dos herdeiros e da Governante do Egito! Que inacreditável sentimentalismo para um presunçoso e destemido general romano, tão incomum em seus antigos procedimentos! Obrigo-me a aceitar que, genuinamente, o infeliz está dominado, de forma irremediável, por algum calamitoso acontecimento. Pois bem, Comandante Clodius, retornai à presença de vosso líder romano, além de traidor bastante audacioso, como sois vós, ordenando-lhe em nome da República Romana apresentar-se a mim, bem depressa! Notificai-o que ele e o Egito estão categoricamente derrotados e sem condições de propor qualquer negociação.

Octavius, lançando bem longe a mensagem, espumava de rancor, pelos cantos da boca, e bradava sua resposta trincando os dentes.

O oficial, cabalmente atônito, não esperava tão intolerante decisão. Acreditava firmemente que um acordo com o seu general e ex-cônsul romano fosse algo desejado por Octavius, em prol de um maior brilho para a sua ascendente carreira. Contudo, naquela hora crucial, Clodius, num instantâneo golpe de lucidez, percebera a fúria vingativa do representante de Roma, notadamente contra a soberana lagídia, que afrontara com extrema audácia o intocável *virtus* romano.

– General, irei sem demora transmitir ao nosso comandante a vossa decisão. Não duvido de que ele se apresentará em breve tempo... No entanto, permitir-me-íeis oferecer à soberana informações de que o esposo encontra-se em seguro, fora do Egito?! – implorara o hesitante mensageiro.

– Vê-la?! Estais insano, Clodius? Ainda não vos convencestes de que sois meu prisioneiro, assim como vosso condutor?! – vociferara descontroladamente o chefe militar.

– Que Antonius entenda, de forma definitiva, que nunca mais a verá! Ela pertence a Roma, viva ou morta! Submeter-se a Roma não é para ele uma alternativa, mas uma imposição, mais tempo ou menos tempo! Correi e dizei isso a ele, antes que eu vos estrangule aqui mesmo, com minhas próprias mãos!

Tomado de uma cólera incontida e inspirado por terríveis gênios invisíveis, Octavius, de maneira venal, decidira ferir mortalmente a alma do antigo amigo e ex-magistrado romano, retirando-lhe qualquer ínfima esperança de acordo ou retaliação, por menores que existissem em seu coração.

– Ademais, Clodius, comunicai-lhe que Neathea e seus filhos não mais existem entre os viventes desta terra! Permanecemos, tão somente, arregimentando energias para logo tomarmos Alexandria, que resiste sustentada numa medíocre cavalaria e num desprezível exército!

Assim falando, dera uma gargalhada que estremecera a alma do emissário.

Clodius, assombrado, apenas conseguira balbuciar:

– Entendido, Magnânimo! Solicito licença para partir.

– Ide, sem demora! – retrucara asperamente Octavius.

Não tardaria o instante do comparecimento da rainha lagídia ante o Concessor de Roma, naquele momento nevrálgico para o Egito.

Por ironia da fatalidade, Clodius partira atravessando o mesmo portal da fortificação egípcia, através do qual, Neathea em curto tempo entraria.

Transcorridas algumas horas, o secretário de Octavius avistaria a aproximação de seu séqüito.

– General Octavius, vejo a aproximação da rainha numa liteira acompanhada de um pequeno cortejo! – proclamara o secretário Helvecius Curo, em alvoroço.

– Pois que o seu ingresso à minha presença seja permitido! Afinal, chega para mim um momento ansiosamente esperado!

Octavius não continha a exultação por finalmente constatar que, em poucos minutos, dominaria a influente mulher, cujo maléfico mito ele mesmo construíra. Tão logo a avistara, seu olhar brilhara num fulgor ambicioso, apontando um assento para a sua acomodação, porquanto aquele diálogo lhe definiria a maior, ou menor, glória futura.

Dispensando as companhias indesejáveis, mantivera-se isolado com a soberana.

– Pois bem! Rejubilo-me por vos encontrar novamente. Vencidas tantas ocorrências e tantos anos, percebo que estais mais fascinante do que nunca, depois do nascimento de vossos filhos com o nosso general! – explanara o oficial romano arrogante e seguro de sua posição.

– Lamento não dizer o mesmo, general Octavius! Não me rejubilo de quaisquer entrevistas com os inimigos do Egito, principalmente nestas circunstâncias! – respondera asperamente aquela que jamais demonstrara obediência aos audaciosos inimigos romanos.

– Admiro-me constatar-vos tão insubmissa, Neathea, como se permanecêsseis detentora de algum poder!

– Alexandria ainda resiste, Octavius! Tereis que submeter um grande contingente de soldados de nossa cavalaria, assim como anular a infantaria egípcia para declarar a sua completa vitória!

– Confesso, afinal, que a vossa voluptuosidade ao discorrer, ao lado de vossa audácia irredutível sempre me fascinaram! Fazem somente que a vitória de Roma sobre vós possua um sabor muito mais atraente! Entretanto, ofereço-vos um último recurso: unir-se a mim e incorporarmos o Egito ao poderio romano. Obtereis, com uma decisão favorável, tudo o que desejardes como minha íntima aliada!

Completamente surpreendida com o brilho voluptuoso dos olhos de Octavius, Neathea replicara:

– Somente consigo julgar-vos um tolo! Conheceis-me há tanto tempo e tratais-me como uma mulher corriqueira, da qual vos utilizais para atender às vossas fantasias condenáveis e aos interesses políticos desprezíveis de Roma! Estais a debater com uma governante da estirpe lagídia, de combatentes e prósperos faraós! Tereis que me aturar, General Caius Octavius Thurinus, através de um acordo ou somente morta, o que pouco vos acrescerá!

Surpreso com a tamanha insolência da sucessora dos ptolomeus, o condutor romano rebatera, ameaçador:

– Aviso-vos! Cometei qualquer ato impensado e matarei os vossos filhos no mesmo instante!

Assomado pelo tresloucado anseio de dominar a soberba egípcia, numa rápida inspiração, decidiu valer-se do mesmo estratagema usado contra Antonius:

– Pois bem! Obrigais-me a expor o que estava ocultando! Vosso esposo extinguiu-se definitivamente para esta vida, as forças egípcias serão derrotadas sem qualquer dificuldade e nada vos restará, senão rastejar até meus pés para partirmos em três dias para Roma!

A cabeça da senhora girara em velocidade descomunal, em segundos que pareceram uma eternidade, porém, num espetacular controle das próprias emoções apenas solicitara:

– Pois bem! Concedei-me três dias para me apronтar!

– Estão concedidos! – acrescentara Octavius, sem esconder o prazer do bem-sucedido ardil.

Regressando ao palácio, conjeturava que Octavius Thurinus certamente estava falseando os fatos, visto que enviara uma nota de apresentação a ambos: a Antonius e a ela. Depois da informação de Octavius sobre a morte do marido, a quem há pouco intimara a uma rendição, por razões desconhecidas, assomara-se de um ânimo espetacular.

Assinando desembargos – movida por esta força extraordinária –, expedira documentos contatando líderes de países vizinhos, na intenção de alianças políticas contra o despotismo de Roma, confiante no aparecimento do esposo, a qualquer momento.

Enquanto isto, Octavius, cinicamente, alardeava aos seus oficiais e soldados que a soberana lagídia, utilizando-se de sedutores artifícios, tencionara induzi-lo a um pacto de paz, favorecendo o Egito.

..*

Clodius velozmente retornara à ilha onde se abrigava Antonius, ainda sem concatenar como lhe transmitir a notícia do assassinato da família, conforme fora informado por Octavius, de modo bastante pérfido.

Tomando embarcações menores, enquanto o navio ancorara em mar alto, o comandante Clodius, secundado de alguns homens, rumou para a ilhota imbuído do pesaroso dever de oferecer ao general as conseqüências e notícias de sua estadia em Alexandria.

Antonius, ao vê-lo, avançou sôfrego em sua direção, esperando pelos resultados.

– Finalmente, Clodius, dizei-me sem rodeios. O que conseguistes? E por que razão ostentais fisionomia tão sombria?!

Em seguida lançara-se sobre o tórax do oficial, agarrando-o pela vestimenta.

– Por todos os deuses, general Antonius, acalmai-vos! O controle da emoção, nesta hora decisiva, será vosso melhor aliado.

– O que quereis com isso dizer? Por Júpiter, Clodius, confessai de uma vez!

O emissário, num fundo suspiro, propagara o retorno do malfadado tentame sabendo que não mais poderia ocultá-lo:

– Que a vossa esposa e filhos foram mortos pelo General Octavius Thurinus e ele vos ameaça, como única saída, uma rendição!

Fulminado como por um raio letal, o oficial empalidecera, sem acreditar no que ouvira, unicamente conseguindo tartamudear:

– Octavius roubou-me tudo, Clodius! Não lhe bastou tomar o Egito, não lhe foi suficiente triunfar sobre as nossas armadas, apesar disso teve que assassinar os honrados líderes inimigos, com uma crueldade de conseqüências tão abomináveis!

– Força, general! Apresentai-vos a ele, em pessoa! Quem sabe um acordo acertará todas as coisas. Afinal, possuís uma magnífica trajetória pregressa, como conquistador romano. Vossos grandes méritos pelo Estado Roma advogarão em vossa defesa.

– Jamais, Clodius! Nunca me entregarei a Octavius, pois em qualquer circunstância não saberei continuar sem Neathea, tendo encontrado nela a minha maior razão para viver.

Assumindo um aspecto bizarro e sombrio, Antonius mergulhara num silêncio profundo, desassossegando os seus soldados.

– Necessitais de algo, senhor? – inquirira Clodius alarmado.

– Agradeço, amigo Clodius. Desejo apenas estar sozinho para refletir sobre estes deploráveis acontecimentos – respondera com timbre apagado e cavernoso, sumindo para o interior do acampamento.

Na manhã seguinte encontraram-no agonizante ao relento, jorrando sangue por uma ferida aberta no tórax. Em completo desespero, golpeara-se com a própria espada...

Instalou-se a desordem no acampamento e a desesperação jugulou as almas dos soldados que, de imediato previram a certeira prisão de todos, sob o punho impiedoso dos romanos. Clodius retirara a espada com extremo cuidado e vedara o ferimento com tudo que possuíam, de modo a preservar-lhe a existência.

– General, por todos os deuses! Que ato irrefletido! Alertei-vos que a tranqüilidade e a impassibilidade de exímio estrategista que sois seriam a vossa prestimosa amiga, a reversão da situação – expusera o militar escondendo o próprio desatinado e sem saber o que fazer, nem para onde ir, visto que declarado de morte pelo próprio líder romano já dominando Alexandria.

– Tudo está acabado, caro amigo Clodius... Falhei até mesmo no atentado contra a própria vida fracassada... uma vez que continuo vivendo... Tomai a vossa espada e terminai o que malograrei... depressa, Clodius... – suplicara Antonius com voz ofegante e rouquenha.

– Nunca, general! Jamais minhas mãos ostentarão este crime, ainda mais contra vos! Admiro e respeito-vos para cometer tamanha sordidez! Asseguro-vos que nenhum dentre os de nossa legião o fará! Acharemos um meio de sustentar-vos a vida.

– Respeito-vos, bom Clodius, a decisão e ficarei eternamente reconhecido pelos vossos préstimos e fidelidade... Ajudai-me então a deslocar-me até o navio... Partirei para Alexandria, enquanto me resta algum tempo... Somente Octavius concluirá o que iniciei... Não duvido de que com prazer e de modo certeiro... Não contrarieis minha decisão nesta hora extrema, Clodius...

O oficial retendo as íntimas emoções, desejou de todo coração expor até a própria vida, mas retornar a Alexandria levando o estimado general.

– Vamos, levai-me até a embarcação... apenas alguns poucos soldados necessitarão acompanhar-me... Além do mais, desejo contemplar Alexandria pela última vez...

Clodius, com voz serena e segura, como se alento superior o dominasse, expôs:

– Senhor, partiremos agora mesmo! Eu mesmo vos guiarei à presença de Octavius Thurinus. A covardia é o maior inimigo de um bravo soldado, seja ele romano ou egípcio!... Conquanto já nem saibamos mais por quem somos! – tentara gracejar o leal Clodius, que acompanhara o militar Marcus Antonius, desde sua partida de Roma, junto a outros, para ajuntarem-se a ele nas instâncias do Egito.

A nau partiu para o Egito levando o general moribundo, enquanto uma intensa tempestade caía sobre o mar, como se o Empíreo Celeste pranteasse a insensatez dos homens nos caminhos das lutas terrenas.

Tão logo Neathea entrara no palácio, retornando do encontro com Octavius, apesar do repentino entusiasmo, receberia de Sosígenes terríveis informações.

– Enfim chegastes, Senhora! – advertira Charmion claramente atormentada e com voz cintilante. – Sosígenes deseja ver-vos com a máxima urgência!

– Convocai-o depressa, Charmion! Pelos deuses, o que ocorreu no curto período de minha ausência?

– Somente o conselheiro vos poderá explicar! Com a vossa licença irei convocá-lo, bem ligeiro!

A criada partira em passos acerados, para retornar, de imediato com o velho mestre egípcio.

– Ó Sosígenes, esclarecei-me sem demora! O que mais tão abominável incidiria sobre nós nessa hora de tamanhas aflições?

O abatido servidor, num fundo suspiro emocionado, tomou delicadamente as mãos da soberana egípcia, de quem sempre acatara todas as deliberações, e a quem aprendera a amar como filha preciosa. Com tonalidade serena de voz e elevando-se em pensamento ao Poder Espiritual Superior, suplicando a inspiração para as próprias palavras revelou:

– Minha cara Senhora, busquemos no Sumo Deus Amon a seiva divina da confiança e do alento, que, porventura, escasseiem-se em nossos corações!

Sob o fitar estático e petrificado de Neathea, que não conseguia articular um vocábulo, já pressagiando a funesta ocorrência o sábio prosseguiu:

– Os mouros, coligados a Octavius e ao seu comando romano, interceptaram as nossas naus na rota do Mediterrâneo e capturaram o "Pequeno Caesar", e com infindo pesar devo vos avisar que o nosso rapaz...

Num grito desesperado, que repercutiu por todo o palácio, como um animal em pleno estertor mortalmente atingido, a senhora suplicara:

– Silenciai, Sosígenes, por reverência a Amon e por honra a todos os deuses da morada celestial. Não digais aquilo que jamais almejei ouvir!

Desnorteada, prorrompeu em açodamento alucinatório pelos cômodos do palácio, acometida de um surto emocional, a bradar o nome do filho amado:

– Cesarion, meu filho, onde estais?! Aparecei prontamente à vista de vossa mãe, ordeno-vos!... Cesarion, Rei dos Reis e Rei do Egito, sois imortal, pois sois meu filho, um autêntico lagídio descendente dos grandes e superiores faraós... Meu filho, meu filho amado... fui incapaz de vos defender... o que vos fizeram os nossos bárbaros inimigos...

Soluçando e atacada por uma violenta febre, desmaiara por horas seguidas. As criadas Iras e Charmion, o Conselheiro Sosígenes e alguns poucos servidores, mantiveram-se inarredáveis à beira do leito da soberana pranteando ininterruptamente: num momento, pelo violento assassínio do inocente e vivaz rapazote; noutro, torturados por assistir a zelosa genitora absorvida em total desesperação, ante o grave momento político vivido pelo Egito...

Lamuriavam, com respeitosa discrição, por sabê-la irremediavelmente apartada do amado esposo, o seu maior arrimo, mas, sobretudo pela amargura imposta ao coração maternal: a morte de seu primogênito... E indagaram-se mutuamente como Neathea persistiria sem Cesarion em quem ela depositava integral esperança na continuidade de sua concepção política de reerguer o Egito e as tradições faraônicas, libertando-os para sempre.

Recolhidos, mais tarde, num átrio do palácio, os permanentes amigos de longos anos trocavam tristes impressões:

– Mestre Sosígenes, nem mesmo dissestes a Soberana da sórdida deserção dos exércitos e da cavalaria egípcia, atemorizados pelos romanos, bem como o desumano abandono das nações vizinhas que não lhe aderiram à causa de salvaguarda do Egito, nesta hora tão determinante... Como direis a ela tão contundentes notícias? – investigara a pobre Charmion amargurada.

– Não tenho certeza se conseguirei, cara Charmion!... Não tenho certeza se conseguirei!...

– Percebo que está tudo acabado! – desabafara Iras aos prantos, fitando o sábio à espera de suas palavras ponderadas a iluminarem-lhes os raciocínios naquele momento tenebroso.

– Resta-nos a confiança nos poderes e determinações de Osíris! Os deuses superiores conhecem as asperezas de nossos caminhos na terra, ainda assim nunca nos retiram a chance de atravessá-los, em prol da aprendizagem necessária! Não devemos nos evadir; devemos cruzá-los com bravura.

Ao ultrapassarmos os rigores da caminhada, querida Iras, nestas plagas de lutas acerbas, com aceitação, serenidade e paz, alcançaremos o galardão para sermos aceitos na Mansão da Luz.

XI
Horas Amargas

"Os homens passam, mas a Verdade do Senhor permanece eternamente."
(Salmos, 116:2)

"Para vós, Senhor, a cujos olhos está patente o abismo da consciência humana, que haveria em mim oculto, ainda que vo-lo não quisesse confessar? Poder-vos-ia ocultar a mim mesmo, mas não poderia esconder-me de vós. Agora que os meus gemidos são testemunhas de minha infelicidade, vós iluminais-me, felicitais-me, e eu de tal modo vos amo que me envergonho de mim."
(Santo Agostinho[1], "Confissões", O Apelo a Verdade)

[1] *Aurelius Agustinus, Bispo de Hipona, nascido em Tagaste, província romana da Numídia, em 354 e morto em 430 d.C.*

Ao mesmo tempo em que o luto trágico caíra sobre o palácio de Alexandria, a nau com o general Antonius, sorvendo os últimos instantes de sua existência, aportara no porto egípcio em estado de sítio.

Conduzido à presença de Octavius, este mal o recebeu dissimuladamente chocado com o terrível estado do antigo triúnviro, bem como surpreso por sua extraordinária paixão pela esposa egípcia, visto que desanimou de viver depois da notícia de sua morte.

Caius Octavius Thurinus, atormentado na íntima consciência por triunfar através de meios imensamente ilícitos e vis, testemunhando a respiração agonizante do oficial aturando os últimos momentos de vida, sem nada dizer, ordenara o seu imediato transporte para o luxuoso Mausoléu construído pela soberana lagídia para todos de sua descendência.

Em velocidade descomunal, tal conhecimento chegou aos ouvidos da rainha, que correra para a tumba em grande velocidade. Ao avistar o corpo do marido, mortalmente ferido, estendido sobre uma pedra fria, debruçara-se sobre ele em pranto incontido.

– Querido, o que fizeram convosco? Por que motivo os portais do Érebo[2] se abriram e garras terríveis rasgaram-nos as carnes e consomem-nos as almas infelizes?...

O militar, semiconsciente, vendo-se no interior do Mausoléu, edificado para o repouso eterno, debilmente balbuciou:

– Neathea, minha eternamente adorada esposa, permaneceis ilesa ou já atravesso os limites da morte, encontrando-vos no Olimpo?

– Antonius, acalmai-vos! Sorvamos juntos estes instantes preciosos! – implorou a senhora misturando as abundantes lágrimas ao sangue que ainda vertia do ferimento nas vestes do esposo.

– Neathea, enganaram-me declarando a vossa morte e de nos-

[2] *Na Mitologia Grega, região situada abaixo da Terra e acima do inferno.*

sos filhos... Não suportei, não suportei... Perdoai-me, querida... perdoai-me... quisera estar bem para estreitar-vos novamente em meus abraços... Quanta saudade! Amo-vos, sempre vos amarei!

O tom da voz do general fenecia gradualmente, até que emudecera para sempre.

A companheira, alucinada pelas freqüentes dores, consumia-se em inestancável pranto, agarrada vigorosamente ao corpo frio do general romano...

– Vinde, senhora, os sacerdotes vão prepará-lo para o sepultamento. Nada mais podeis improvisar – difundira-se o timbre acalentador de Sosígenes ecoando no ermo do tumba.

– Enganais-vos, eterno amigo! Ainda aplicarei um derradeiro e inesperado golpe em meu odiado adversário. Anotai, Sosígenes: jamais serei levada a Roma para ser enxovalhada em hediondo desfile por meio de suas vias e praças, qual prisioneira vulgar, capturada pelos arrogantes romanos. Nunca, nunca lhes darei este deleite, tampouco concederei a Octavius este triunfo!

– Serenidade, grandiosa Neathea! Imploro-vos! – sussurrou Sosígenes com benevolência diante daquele drama tão comovente.

– Roma roubou-me tudo! Espoliou o que o Egito possuía de mais sagrado: a sua descendência, suas tradições, seus bens e riquezas, os meus filhos e o esposo querido... O que me restou, Sosígenes?... Por fim, tranqüiliza-me o espírito, porquanto não há mais pretexto para lutar.

O velho mestre, esmerando-se por serenar o coração de sua soberana, exaltou:

– Possuís a vossa estirpe, a vossa ilustre descendência de destemidos e sábios lagídios. Por todos eles, lutai!

– Por eles, dileto amigo Sosígenes, sempre existi e por eles morrerei!

E beijando demoradamente a fronte hirta do companheiro,

depois de afagar-lhe as madeixas negras em caracóis, rajadas de mechas encanecidas, despedira-se.

Levantou-se e encaminhou-se ao edifício palaciano, emudecida e ausente da realidade presente, como um ser sem consciência e que não mais existia sobre a terra.

Recolhida em seus aposentos, acompanhada somente de Iras e Charmion, tomou de um pergaminho e traçou as suas derradeiras palavras ao cruel inimigo romano. Em seguida, banhou-se sem pressa, perfumou-se e trajou-se com o seu mais suntuoso indumento real, no entanto usando por debaixo a veste de gaze azul, tonalidade de luto das viúvas egípcias.

Adornou-se com seus mais ricos adereços, maquiou-se delineando os olhos e tornando mais vivos os matizes dos lábios e da face. Em seguida ajustou à cabeça o toucado de *Nekhbet*, a deusa-abutre, defensora dos soberanos egípcios...

Empunhou firmemente o flagelo, *Nejej*, e o báculo encurvado, *Heka*, cruzados contra o tórax, tradicionais símbolos de sua primazia de Rainha Egípcia... Sem nada dizer, conclamou os filhos e beijou-lhes, carinhosamente, umedecendo-lhes as faces com as suas lágrimas...

Posteriormente a soberana conclamou a Sosígenes, que, contíguo a Iras e Charmion, capturou de seus lábios sem calor, sem mais vida:

– Meu constante aliado Sosígenes, minhas fiéis servidoras e companheiras de existência, Charmion e Iras, abandono hoje esta vida, não sem antes agradecer a todos vós a completa dedicação, com a qual me seguiram e sustentaram-me nas decisões políticas mais importantes tomadas a favor desta nação. Penhoro-vos a benevolência e os cuidados para comigo, Antonius, meus filhos e o nosso Egito, a nossa pátria eterna.

Os servidores, baixando as frontes, nada conseguiam argumentar, extremamente atingidos na emoção.

– Sosígenes, conduzi-me com Iras e Charmion para o Mausoléu, a minha derradeira morada neste período. Preparai uma dose do mais pertinaz veneno de nosso boticário, e para certificar-me de que não sobreviverei, trazei as nossas áspides e libertai-as sobre mim. Partirei desta vida sobre o meu próprio sarcófago... Iras e Charmion velarão por minha consumação, até que este corpo lacerado de amarguras não mais exista.

Naquela tenebrosa manhã do ano 30 a.C., no interior de seu próprio mausoléu, distendida sobre o seu ataúde, aos trinta e nove anos de existência, Neathea VII Philopator, num ato irrefletido, assumira o comprometimento espiritual de desafiar a morte, por seus convenientes meios.

As servidoras de toda a vida, Iras e Charmion, sempre inflexíveis e submissas diante dos desejos da rainha não tinham mais razão para prosseguir. Roubaram parte do veneno, cujo pote permaneceu sobre uma ara marmórea e seguiram a adorada soberana, por meio do caminho tenebroso.

* * *

Octavius, ansioso diante da demora da rainha, em cuja palavra confiara, aguardava-a para partir, sem mais demora. O grande atraso prenunciava-lhe que algo agourento sucedera. Por esta razão, irrompeu resolutamente o perímetro de Alexandria, tomando-a em definitivo, mesmo porque já soubera da deserção das legiões egípcias.

Mal acreditaria no que os próprios olhos veriam. Depois de vasculhar todos os recantos do palácio, sem nada encontrar, rumou em visível desesperação para o mausoléu onde jaziam três corpos já sem a seiva da vida, no ermo sombrio e solitário.

Recebeu em poucos minutos, das mãos de um de seus soldados, um pergaminho abandonado sobre um altar, endereçado nominalmente a ele. Lera-o trêmulo e exasperado:

– "Neathea VII Philopator, Rainha dos Reis e Rainha do Egito, sucessora do Faraó Ptolomeu Neos Dyonisos Aulettes e verdadeira representante da Dinastia Lagídia, fundada pelo exímio Faraó Ptolomeu I Soter, por meio deste documento notifico o representante da República Romana, o General Caius Octavius Thurinus, que o Egito, pátria milenar, cujos sagrados interesses nacionais encontram-se há muitos sóis e luas regidos pela Dinastia Ptolomaica, jamais reconhecerá a sua extinção, porquanto viverá pela Eternidade por seu superior Conhecimento, Força e Espiritualidade, que desafiarão *in aeternum* os raciocínios dos homens. Seus governantes e exércitos nunca foram submetidos por Roma. Quando as suas eficácias foram colocadas à prova, enfrentaram as batalhas heroicamente. Espontaneamente, por razões que transcendem à compreensão dos estrangeiros, desobrigaram-se do combate pelo trono da terra, sobrelevando-se a imortal veneração às tradições religiosas desta nação e os bens maiores dos de sua estirpe. Solicito à autoridade romana que respeite este meu final desejo: ser sepultada ao lado do corpo de meu esposo, o general Marcus Antonius. Que neste mesmo mausoléu eterno sejam depositados os restos carnais de meu jovem filho, Ptolomeu XV Philomentor, se um dia forem restituídos ao Egito."

Octavius, irritado com mais aquele lance inesperado, não disfarçou a decepção. Enviando seus comandados ao encalço dos demais filhos de Neathea e Antonius, seguira, pessoalmente, atrás dos passos dos ministros que ainda permaneciam no palácio. No entanto, não improvisou um movimento e encontrou Sosígenes surgindo ao seu encontro, acedendo com a sua costumeira quietude interior quaisquer ordens:

– General Octavius, entrego-me sem resistência.

Melhor assim, velho homem! Suponho que já vos conheço?!

– Chamo-me Sosígenes. Reconheceis-me de Roma, quando lá permaneci com minha soberana na Vila de Lavicum.

– Onde estão os demais ministros, Sosígenes?

– Não esperais encontrar membros de uma cúpula de grandes ministros, visto que Alexandria não a possui. Exclusivamente eu e o ministro Dioiketes, há pouco falecido, auxiliávamos a rainha lagídia há anos em suas iniciativas administrativas, exaltando que as suas iluminadas decisões dispensavam grandes contribuições, senão, as espirituais... O Governador Antonius e os generais de Roma, aderidos ao Egito, muito sustentaram os talentos políticos natos da Soberana.

– Não me agrada conhecer detalhes de uma dinastia decisivamente dissolvida! Agora, levai-me ao mausoléu clandestino onde jazem os despojos do grande líder macedônico, Alexandros III, pois tenho antegozado este momento, esperando avidamente por ele.

E adotando ares de escárnio e desprezo, rematara:

– É de domínio público que um antecessor de vossa governante, há longínquas dinastias, roubou-lhe o corpo sordidamente enquanto conduzido à Macedônia...

Enquanto caminhavam para fora do palácio, Octavius escutou, com surpresa, a pacífica explanação do ministro:

– O povo egípcio e grego conhece muito bem tal episódio, referente aos seus antepassados, general. Desta forma, esclareço-vos o imenso amor do jovem Rei Alexandros a esta pátria dos colossais monumentos, o Egito, sendo ele mesmo quem a almejou por último leito na terra. Sua última vontade tem sido até o presente momento respeitada, mesmo pelos gregos e macedônios. Um competente aliado do Rei Alexandros nas gigantescas conquistas e fundador da Dinastia Lágida, o Faraó Ptolomeu I Soter, apenas agiu respeitando fielmente o extremo desejo de seu amado líder.

O magistrado, aborrecido com as explicações do sensato egípcio, interrompeu abruptamente qualquer outra argumentação, até atingirem uma secreta tumba. O envelhecido mestre, com o indicador tremulante, apontou uma grande parede explicando:

– General Octavius, por detrás desta extensa muralha existe uma cripta secreta resguardando os restos mortais de Alexandros III, num belíssimo sarcófago totalmente de ouro, bem como os bens materiais de todos os faraós lagídios, desde de Ptolomeu Soter. Basta remover esta ampla divisória, construída de modo a escondê-los de possíveis pilhagens.

Sob as ordens de Octavius, os soldados em pouco tempo derrubaram a grande muralha ao chão e sob a claridade de tochas, ordenara a Sosígenes conduzir seus comandados ao interior das tumbas misteriosas e apontar qual dos sarcófagos retinha os restos mortais do herdeiro do Felipe II, Rei da Macedônia, para que fosse dali retirado. Não somente o líder romano, mas a totalidade de seus soldados e oficiais ali presentes ficaram assombrados com a riqueza e a majestade do sarcófago do ilustre conquistador macedônico. Num ato de paixão, ordenara a abertura do esquife dourado, o que Sosígenes não recomendara. Contudo, Octavius estava ofuscado por estar tão próximo dos restos de um jovem que se tornara uma lenda por seus grandes feitos. Aberto o sarcófago, depararam-se boquiabertos com uma múmia muito bem preservada, ornada de apetrechos de ouro, a tiara persa e a sua espada preferida. O chefe romano, num surto de exaltação, contagiado pelas poderosas energias que emanavam, não só daquele sarcófago, mas do mausoléu inteiro, gritara em alta voz, para que todos ouvissem:

– Observem os veneráveis restos mortais de um autêntico líder! Verdadeiro conquistador e rei do Egito!

Tomando a tiara de ouro nas mãos, levantou-a bem alto, para que todos a vissem. Depois dissera:

– Corôo o único e verdadeiro rei egípcio, cujo reinado se estende há três séculos! Curvando-se sobre o corpo mumificado, ajustara a tiara novamente no crânio da múmia.

– Agora fechem o sarcófago e retirem-no daqui, de modo a conduzi-lo e defendê-lo com cuidado até Roma.

Sosígenes apavorava-se com tudo que testemunhava, visto que a consideração e respeito com que os lagídios conservavam os despojos de Alexandros III, há três longos séculos, era imensa. Ele próprio jamais vira a múmia e duvidava se um dia a sua soberana a avistara. Contudo, num ritual frenético de glória, ela era exposta publicamente.

O sexagenário, suportando uma velhice cansada e doentia, enquanto observava os soldados de Octavius transportarem nos ombros o sarcófago, sentia-se, de algum modo, jubiloso por atingir o fim de uma existência toda dedicada aos valores da ética, da dignidade, do brio político e dos superiores conhecimentos. Ainda assim obrigou-se a compartilhar e intermediar tantas disputas familiares e políticas, tamanha sordidez e maldade, exclusivamente pela cupidez do que o mundo herético proporciona.

Aproximando-se do general, perguntou respeitoso:

– Brioso comandante, como único sobrevivente deste reinado, assumo o elevado dever de preservar os sarcófagos dos últimos soberanos lagídios. Desejais vê-los ou autorizais-me a ordenar erguer novamente a parede?!

Octavius, soltando uma sonora gargalhada, respondera rudemente:

– Os restos mortais do único rei que aí existia já foram retirados! Por que perderia tempo inspecionando restos de vulgares e oportunistas generais?! Fazei, Sosígenes, o que bem entenderdes com os vossos governantes mortos, os atuais e os remotos, visto que parto imediatamente para Roma.

Daqueles dias em diante, Caius Octavius Thurinus amargaria

tremendas lutas em sua atormentada história de vida. As várias enfermidades não o abandonariam, assim como as grandes calúnias e decepções familiares, fazendo-o atingir o término da existência no ano 14 d.C. bem mais acessível aos valores superiores.

Respirando no elevado clima espiritual do Cristo Jesus, que nasceria em seu reinado, e empossado do mandato de primeiro imperador do novo regime, conquistaria, sem o pressentir, imensa contribuição da atmosfera transformadora e abençoada do Mestre Supremo.

Partira de regresso a Península Itálica carregando também as crianças: Alexandros Helius, Neathea Sélene e o pequenino Ptolomeu XVI Philadelphus, que foram entregues aos cuidados de Otávia.

* * *

Futuramente, Neathea Sélene, transformada numa formosa donzela, tornar-se-ia Neathea VIII da Numídia, casando-se com o Rei Juba II. O jovial Ptolomeu XVI, tal qual o pai, apreciaria a cavalaria e os esportes associados aos cavalos, sofrendo uma queda fatal numa corrida de cavalos por Herodes Antipas.

Quanto a Alexandros Helius, morreria vitimado por uma execranda traição, já que todos eles carregariam o doloroso estigma cultivado na mente popular romana, disseminada por Octavius: ser filho de uma rainha promíscua e de um general romano traidor.

XII
Nas Regiões de Sofrimento

"O aguilhão da morte é o pecado, é a força do pecado é a Lei."
(Paulo – Coríntios, 15:56)

"Louvado sejais, meu Senhor,
Por nossa irmã a Morte corporal
Da qual homem algum pode escapar.
Ai dos que morrem em pecado venal!
Feliz o que ela encontrar
Conforme a vossa vontade santa,
Porque a morte não lhe fará mal!
(Francisco de Assis[1], "Cântico do Irmão Sol")

[1] *Francesco Bernardone nascido em Assis no ano 1182 e morto em 1226 d.C., posteriormente conhecido por Frei Francisco de Assis.*

Com a morte da derradeira soberana egípcia, terminara a fascinante história de uma civilização, que perdurara por cerca de quatro mil anos, destacada por um superior conhecimento da técnica mediúnica e da aplicação magnética, dominando desde a Ciência, a Astrofísica, a Mecânica, a Arquitetura e as Verdades Espirituais Superiores.

A nação surpreendente dos Faraós silenciaria para sempre as suas tradições, a sua autoridade mística, seu idioma e grafia, sendo dominada posteriormente por povos estrangeiros.

O ancestral País de Kemet encontrara-se envolvido no singular magnetismo de sua ultima governante que afirmou, certa feita: *"O Egito, pátria milenar, cujos sagrados interesses nacionais encontram-se, há três séculos, regidos pela Dinastia Lagídia, não reconhece a sua extinção, visto que viverá pela Eternidade através de seu superior Conhecimento, Força e Espiritualidade, que desafiarão os raciocínios dos homens através dos milênios."*

As rajadas de vento do Mar Mediterrâneo e os ventos rigorosos do Deserto Arábico e Líbio continuariam a assobiar sua cantiga melancólica, cobrindo de pó as gigantescas pirâmides e mausoléus, colunas e templos, em Alexandria, Gizé, Mênfis, Amarna, Dendera e Tebas, que permaneceriam abandonados para reverenciarem as mentes hábeis que os ergueram.

* * *

Sosígenes, depois da partida das galeras romanas e da supervisão no erguimento da muralha protetora dos sarcófagos dos faraós lagídios, no Antigo Mausoléu Real, rumara a passos cintilantes ao peso das idades para o templo funerário de Neathea e Antonius.

Bastante emocionado pelos recentes acontecimentos, sentira o envelhecido organismo consumir-se, de maneira drástica...

Atingindo o "Templo de Milhões de Anos", milenarmente

declarado pelos egípcios como "Morada Eterna", mandara destravar o pesado portal e iluminando o interior com apenas uma tocha, abatera-se solitário e meditativo.

Vencidos alguns minutos, aproximara-se dos ataúdes de Neathea e Antonius. Dobrando-se nos joelhos, estendera carinhosamente as palmas enrugadas sobre o sarcófago da última governante da magnífica Dinastia Lagídia, de grandiosos faraós, recordando que àquele jovem coração, agora, irremediavelmente imóvel, entregara amorosamente toda a sua existência, em constante reverência.

Erguendo o pensamento ao Céu suplicou aos deuses por aqueles que, num ato impensado e movidos por aflições tremendas, castigados por tantas perdas, lançaram-se aos abismos escuros do condenável crime contra si mesmos:

"Rei dos reis, Governador Excelso, vós que vos encontrais num trono de glórias incorruptíveis e dele lamentais as faltas dos infelizes, que somos todos nós, distantes de vossas Leis Sábias, permanecendo nestas paragens de incessantes lutas e aprendizado! Apaga-se a existência que me concedestes, Guardião dos bens incorruptíveis, e aqui me curvo em imenso reconhecimento pelas provas vividas e pelos valores acumulados nestes anos prósperos e abundantes de ensinamentos...

Contudo, apiedai-vos daqueles que se perderam nos campos das angústias e expiações cruéis, e não encontrando forças suficientes para suportá-las, precipitaram-se nas conturbações dos crimes e desequilíbrios de toda natureza... Reconheço que este chuviscar persistente que encharca o fértil solo do Egito reflete a vossa grande tristeza que, aos nossos ouvidos corrompidos, repercute como um canto fúnebre...

Não desprezeis, Dirigente da Vida, aqueles aos quais abonastes a governança desta nação que, atingidos fatalmente nas afeições mais sagradas, não suportaram a perfídia humana e a perda dos privilégios temporários golpeando-se, dramaticamente, com grave delito ao ceifar o patrimônio espiritual da vida que não lhes pertencia...

Os deuses do Panteon Egípcio possam descer aos abismos do sofrimento para onde os nossos amados líderes se precipitaram, de modo a trazê-los à luz de uma nova vida...

Por misericórdia, Supremo Amon-Rá, não os abandoneis! Concedei-lhes uma nova ocasião de se redimirem, pelos tantos benefícios que propagaram, ante o vosso poder e justiça."

O pranto vertia abundante das vistas cansadas do velho Sosígenes que, com as mãos trêmulas, seguia acariciando as urnas daqueles que amara, como se fossem filhos preciosos de seu coração.

Subitamente, um forte vento apagara a chama do archote que alumiava o recinto e um arrepio gélido percorrera a espinha dorsal do ministro.

De pé, na completa escuridão, ouvira nitidamente gemidos de dor, movimentos e burburinho de vozes, que ganhavam vida temporária em função de específico fenômeno espiritual, de repercussões sensíveis, até que uma delas, bastante familiar e tristonha, definiu-se à sua audição:

"Amigo Sosígenes, retirai-me desta masmorra escura, ajudai-me em nome de Amon!... Não vedes que os inimigos aprisionaram-me a correntes, roubando-me os pertences e retirando-me os trajes sagrados de Hathor?!"

Gemidos aterrorizantes ecoavam pelo interior da tumba e o angustiante lamento prosseguira: *"Ferem-me com as suas lanças, acusam-me e insultam-me... Dentre eles reconheço os meus próprios irmãos!... Defendei-me, depressa, bondoso Sosígenes!... Onde estão Iras e Charmion, que não me atendem, por mais que eu clame?... Onde se encontram meu amado Antonius e meus filhos preciosos?"*

O abatido servidor, assombrado e cintilante, reconhecera a voz de Neathea, de imediato identificando o fenômeno como sobrehumano. Mas, detentor do conhecimento dos iniciados, não se assombrara. O coração do mestre parecia estourar de emoção por testemunhar a realidade espiritual daquele que padece através da deplorável inadvertência do suicídio, fatos que conheciam, eles próprios, através dos cultos iniciáticos.

– Senhora, ouvi-me! Serenai que continuarei implorando aos deuses celestiais por vosso equilíbrio. Tende confiança! – garantira o constante amigo, deixando vazar lágrimas de infinita compaixão.

Atentai para a região que, atualmente, alberga-vos o espírito imperfeito e descobrireis que não mais permaneceis no plano denso da vida... Bem mais do que qualquer mortal, conhecíeis tal realidade por meio dos dons divinos que possuíeis. Portanto, a Justiça de Tuth e as Regras de Maât, que recomendam a integridade e a honestidade, muito exigirão de vós!... Todavia, tamanha vergonha também eu carrego no coração, pois poderia ter realizado maiores esforços, recusando-me a vos proporcionar o veneno mortal."

Escondendo a face com as mãos, a essa altura, Sosígenes já soluçava convulsivamente, de remorso e amargura, balbuciando orações aos deuses e aos gênios ancestrais. Em tom mais tranqüilo, a conhecida voz novamente propagara-se:

Ó meu leal amigo, como tudo se transforma ante a realidade eterna. Como nos esquecemos de que as tristezas da terra, por maiores e mais dolorosas, jamais serão permanentes...

Tarde descobrimos que de todas realizações nos caminhos da vida física deveríamos sobrelevar as puras ações que nos conduzam à Glória Espiritual... Bondoso Sosígenes, suplicai aos deuses magnânimos por mim e por Antonius... Experimento uma força misteriosa arrastando-me para bem longe... Ouço risadas e escárnio, evocando meu nome e minha descendência!... Não resisto, não resisto!... Vejo-os! Estou sendo tenazmente puxada na direção de meus inimigos romanos, que distribuem os meus filhos e ofendem-me a dignidade!... Ó que desgosto interminável!... Que tormentosa jornada!

Subitamente o clamor desaparecera. Sem dúvida, o infortunado espírito da ex-soberana fora atraído para um outro local, de maneira irresistível, pelas vias da reciprocidade vibratória, enquanto o sábio ainda balbuciava:

A bondade divina há de vos garantir nova oportunidade... Suplicai, cara Senhora, a abençoada chance de uma restauração espiritual e ela vos será concedida pela misericórdia divina...

O ancião, tateando em direção à saída do mausoléu, abrira devagar o portal, sentindo como se emergisse, inesperadamente, de uma região de trevas, sofrimentos e inenarráveis arrependimentos, para a qual se precipitam temporariamente as almas frágeis, que não se arrependem dos próprios equívocos e que não capitulam, ante os desafios das aflições terrenas.

O Egito passaria à condição de província do Império Romano Oriental e Alexandria calaria eternamente os seus milenários valores. Apesar disso, o país das esfinges e das pirâmides seria adorado por populações de todo o planeta, por destacados etnógrafos, antropólogos, lingüistas e pesquisadores, no pleno reconhecimento de suas Superiores Ciências e pelo domínio das Verdades Espirituais Maiores.

Dentre os diversos e fascinantes personagens que marcaram com referências eternas a história das sociedades egípcias, no seu contexto cultural e filosófico, militar e científico, espiritual e administrativo, permanecem "Os Lagídios ou Ptolomaicos".

Excepcionais dinastias egípcias ancestrais tornaram-se imortais; exímios Faraós e prestigiosas Rainhas da Terra de Kemet permaneceram venerados, contudo, dentre eles, eternizar-se-ia Neathea VII Philopator, filha e sucessora de Ptolomeu Neo Dyonisos Aulettes, como a mais notória, por sua perseverança e devoção à pátria amada do Egito.

Epílogo
Reencarnação e Resgate

"Os que não nasceram do sangue, nem da vontade da carne,
nem da vontade do homem, mas de Deus."
(João, cap. 1:13)

"O Universo é o nosso domicílio.
A Humanidade é a nossa família."
(Francisco Cândido Xavier/Emmanuel,
"Vinha de Luz", Amai-vos)

– Ligeiro, mais ligeiro, raça preguiçosa! Não temos o dia todo. Os lucrativos negócios com os romanos me aguardam! – vociferara Asser, conhecido mercador de escravos idumeu[1], que realizava barganhas e ilícita movimentação em Roma, dirigindo-se ao Mercado do Fórum.

Arrastava naquela manhã invernosa do ano 35 d.C. uma pequena fileira de cativos em direção ao mercado principal, ao estalido de um chicote.

Tão logo avistara o comércio já principiando a sua movimentação diária, procurara avidamente um local favorável, de modo a montar bem rápido um improvisado estrado. Identificando o adequado ponto, estacara a marcha dos cativos, instalando-os a um canto, amarrados uns aos outros por espessas correntes.

– Queiram os deuses que hoje eu possa me liberar destes cincos belos exemplares, fazendo com eles algumas moedas de ouro! Já se vão distantes os dias em que trazia um engradado repleto de excelentes espécimes: espartanos, assírios, judeus, fenícios e etíopes, abarrotando os bolsos. Contudo, hoje está mais arriscado... – resmungava o velho Asser aos ouvidos de seu jovem filho, enquanto arranjavam o tablado, muito embora o rapaz não escutasse uma única palavra do pai ranzinza, que prosseguia arengando:

– Estou farto de mantê-los, Issacar, visto que não possuímos suficiente ração para o nosso próprio sustento! Por outro lado, se os deixo à mingua, entro em enorme prejuízo! Quem deseja criados magros e de aparência doentia?!...

Observai estes dois saudáveis jovens coríntios. Parecem filhos de reis! Corados, atléticos e soberbos. Por eles, deixo de abocanhar uma deliciosa perdiz passando-lhes, prazerosamente, às bocas famintas, já que para mim representam um recheado saco de ouro...

[1] *Relativo a Iduméia (região da Palestina).*

Um dos rapazes gregos, em incontida cólera, respondera trincando os dentes:

– Morrereis devagar, miserável, sem uma casca de pão para sustentar a vossa vida criminosa! Meu pai fará arrancar a vossa língua em praça pública! Sem mencionar os ferros aos quais ficareis aprisionado pelo resto de vossa inútil existência, isso se for boa a vossa estrela! Sem dúvida, a morte será a vossa certeira sentença!...

– Ora, vivas! O infeliz coríntio possui o dom de discursar em nossa língua, dominando-a mais do que o suficiente! De fato, meu jovem, tomei conhecimento de que o vosso pai é respeitável autoridade no Peloponeso. Demarchos, o amigo grego que me proporciona belos e vigorosos exemplares estrangeiros, passou-me tal informação a vosso respeito...

– Infame! Então confessais o vosso delito, comercializando pessoas de estirpe e dignidade, seqüestradas abominavelmente de suas famílias, de modo a oferecê-las como meros escravos?! – bradara o rapaz desorientado, contorcendo o corpo robusto preso às vigorosas correntes.

– Calai imediatamente, pois padecereis com o meu punhal enterrado em vossa garganta, aristocrática ou plebéia. Para mim isso pouco importa! Sossegai de uma vez, não me interessa a vossa procedência!... Obtenho a maioria de minhas mercadorias das mãos de intermediários estrangeiros, que são pagas a bom preço. Jamais perdi tempo investigando a linhagem de cada um deles...

– Caluniador, trapaceiro! Eis o que genuinamente sois! Ouvi muito bem o golpista que me subtraiu do saudoso lar, advertir-vos da procedência da minha família de ilustres e ancestrais cidadãos da Acaia! Inclusive, este abominável Demarchos, cuja face jamais esquecerei, ofereceu-vos o conhecido nome de meu genitor.

– Caro Ampelos – propagara o idumeu com tom claramente irônico –, aconselho-vos resignação, para o vosso próprio benefício, visto esta situação ser irremediável. Jamais vossa destacada estirpe conhecerá o vosso paradeiro, portanto, emudecei de uma vez. Observai este vosso compatriota. Não pronuncia uma única palavra, aceitando resignadamente o próprio destino.

Deste modo argumentando, distinguira com o indicador um outro jovem grego, humilhado e preso aos grilhões.

– Explica-se!

O pobre Leontas não conhece a vossa língua, senão, muito antes de mim, já teria gritado que sois um vil criminoso...

Esbofeteando com eficácia a face do nobre rapaz coríntio, ameaçara-o, com a boca espumando de raiva:

– Resisto, até o fim, na preservação das minhas mercadorias. Os estragos e avarias não me favorecem! Contudo, isso não é uma regra! Calai imediatamente ou mandarei rasgar as vossas carnes no açoite.

– Pelos desuses, papai, cessai! – intercedera o filho do astucioso idumeu, tomado de piedade.

– Por obediência e temor, desde criança, acato a vossa intransigente autoridade e sujeição! Obrigais a quem nada se parece convosco a vos acompanhar. Estou farto! Sabeis que abomino tais excessos e os vossos meios condenáveis de ganhar a vida! Quantas vezes tenho pensado em escapar deixando-vos a sós!

Chocado o mercador replicara irritadiço:

– Não me retireis a autoridade, Issacar! Se me abandonardes terminareis à venda sobre um palanque como estes miseráveis. Além do mais, não permitirei que me azedem nesta manhã promissora. Nem vós, nem este indolente grego, nem ninguém!...

Vejam a menina judia, dela não se conhece o timbre da voz! Não fossem as terríveis e constantes convulsões e pesadelos, fazendo-a gritar e monologar a noite inteira, como louca num semitranse, diria que é definitivamente muda!

O jovem Issacar, cuja índole era bastante distinta de seu genitor, não perderia aquela oportunidade de tocar o endurecido coração do genitor:

– Apesar disso, papai, confessai! Não a temeis, assim como a vossa consciência?! Esta adolescente constantemente vos ameaça com olhares temíveis e abomináveis: ora profundamente angustiados, ora dominadores e furiosos, ao ponto de fazer-me temê-la, se livre das algemas ela estivesse.

– Ora, mais esta, Issacar! Deixai de covardia e aplicai o azeite no corpo do abissínio[2]. Desejo a sua pele de ébano reluzente! Ele será o primeiro a ser oferecido nesta manhã! Depois apresentaremos o par de jovens gregos, em seguida a menina muda e, por fim, a mulher mais velha, que, pela idade, seguramente não oferecerá um bom lucro.

– Ela não é muda e chama-se Sélene! – intrometera-se o desobediente Ampelos, no entanto mais acomodado.

– Agradeço a informação – respondera Asser com zombaria. – Assim torna-se mais fácil obrigá-la a nos acatar pronunciando este belo nome grego!... Bem estranho para uma pobre judia da longínqua Galiléia.

O *Forum Olitorium*[3] já se repletava de nobres, autoridades e plebeus, mesclados a uma infinidade de mercadores, à procura de um bom negócio.

Rapidamente, Asser expusera sobre o tablado improvisado o abissínio que reluzia sob o sol, besuntado de azeite, permitindo que mais se destacassem a sua robusta constituição física, os lábios vermelhos e a arcada dentária muito alva.

Depressa, Asser começara a oferecê-lo:

---

[2] *Indivíduo natural ou habitante de Abissínia, atual Etiópia.*

[3] *Amplo mercado romano onde se comercializava desde gêneros alimentícios, legumes, grãos, tecidos até escravos.*

– Vinde, caros nobres, magistrados e secretários em busca de uma boa oportunidade para os seus patrões! Vinde que começará o leilão!

Apresento este primeiro exemplar, oriundo da Abissínia: forte, saudável e obediente. Excelente para o transporte de liteiras ou para quaisquer outros serviços pesados em vossas vilas! Aproximem-se! Solicito por este magnífico exemplar a bagatela de seis mil *sestércios*[4]...

Não demoraria muito para o abissínio ser arrematado pelo proprietário de uma estância, de modo a atender nos serviços rurais...

Asser, contente e sem tardança, escondera rapidamente as moedas numa pequena bolsa amarrada à cintura, apressando-se a colocar no tablado os jovens Ampelos e Leontas. Os belos rapazes foram bastante disputados pelos interessados, mesmo porque a atuação de Ampelos despertara a curiosidade dos que visitavam o mercado naquela manhã.

A parelha de belos e pujantes jovens fora rapidamente comercializada por um preço muitíssimo satisfatório, sendo comprada por fartos secretários do próprio Imperador Tiberius Caesar, filho adotivo do extinto Caius Octavius Thurinus, depois conhecido por Augustus.

Deste modo, ao exibir a jovem Sélene, suspensa no estrado, a multidão, já se aglomerava em torno do ruidoso negociante, que se vangloriava de oferecer excelentes escravos ao próprio imperador de Roma.

– Nobres patrícios e magistrados da grandiosa Roma, achegai-vos! Examinai mais de perto esta admirável criatura. Existe algo mais encantador, na flor das quinze primaveras de vida? Observem os dentes, os cabelos sedosos e o porte atraente desta jovem judia,

[4] *Moeda corrente da região na época.*

apropriada para se tornar uma excelente dama de companhia, por seus delicados modos! Repasso esta beldade pela migalha de cinqüenta mil *sestércios*!

Asser, acalorado à frente da multidão que contemplava estarrecida a bela jovem estrangeira, distraíra-se, dando-lhe as costas. A donzela, acometida de um ânimo espetacular, segurara as correntes e, com elas, aplicara-lhe um tremendo golpe, ferindo gravemente a cabeça do mercador.

O sangue jorrara em abundância pela face e pescoço do embusteiro comerciante. Num ato automático, o homem virara-se e esbofeteara violentamente a menina, que tombara sem sentidos. Imediatamente ouviu a algazarra do povo que alastrava estrondosas gargalhadas.

– Ora vejam, companheiros! O mercador encobre astuciosamente o fato de que esta graciosa forasteira é verdadeiramente um tigre sob pêlo de cordeiro! – alardeara com sarcasmo uma voz não identificada em meio à multidão.

– Ainda solicitais cinqüenta mil *sestércios* por ela, Asser? – caçoara outro, perdido no meio do povaréu.

– Sem dúvida – continuara um terceiro –, é bastante cara para um animal ainda não amansado!

O tumulto ardia aos ouvidos do atormentado negociante de escravos, que levantara a jovem num só puxão, apertando-lhe fortemente as bochechas, deixando-as arroxeadas e bem marcadas.

– Muda desprezível, mais uma destas e estrangulo-vos com as minhas próprias mãos, sem piedade, não me importando a perda do ouro.

Em meio aquele tremendo alvoroço, o secretário de uma nobre residência patrícia, bastante conhecido por todos, aproximou-se, interessado. Tomado de estranho anseio, anunciou o interesse na menina, cujo estado penalizara-lhe:

– Ofereço por ela dez mil *sestércios*, nada mais!

Com rapidez, todos voltaram os olhares para o local donde partira o lance, proposto com voz firme e altissonante.

– Valerius Brutus! Que bravura agradardes o Senador Flaminius Severus com tão traiçoeiro presente! – ironizara um conhecido magistrado que se encontrava na aglomeração.

– Nem tanta, Trasilus! Sem razões para reagir ela terminará por se acalmar! Aliás, bem rápido aprendi que ingressar na *Domus*[5] Severus como escravo, é conquistar excelente oportunidade de instruir-se, desenvolver-se e libertar-se. Aliás, atributos raras vezes encontrados nos nobres romanos.

O homem emudecera, retirando prontamente da face o deboche, ao tempo que Valerius pedia a confirmação de sua oferta ao idumeu.

– Não possuo muito tempo! Tenho que atender, ainda pela manhã, interesses de meu patrono, cujo nome aqui já foi declarado: o Senador Flaminius Severus! Se desejardes negociá-la, deliberai sem mais demora, não darei um *sestércio* a mais!

O negociante de escravos, diante do medo que se instalara por parte dos possíveis compradores ao constatarem a truculência incontida da menina judia, resolveu vendê-la a Valerius Brutus.

Destrancando os grilhões, libertou-a e, visivelmente desgostoso, entregou-a ao secretário do conhecido magistrado romano, depois de receber o pagamento.

Valerius Brutus, antes de sumir no meio da multidão, ocultando a instantânea empatia pela criança, assim dissera:

– Ficai próximo, não vos vigiarei! Se tentardes escapar, o prejuízo será todo vosso, visto que melhor lar do que vos ofereço, jamais encontrareis, protegendo-vos das agruras da existência.

---

[5] *Residência.*

Sélene sentira na alma a repentina bondade do capataz, como se, de fato, achasse nele um porto seguro. Depois de amargos sofrimentos, apesar de detestar os romanos, concordara em acompanhá-lo, sem quaisquer tentativas de fuga.

O secretário em poucos minutos tomaria a sua condução, embarcando também a jovem. Mas antes de encaminhar-se à residência dos Severus, estacionaria na vila de um amigo de seu patrão, nas cercanias da capital, a fim de deixar uma mensagem.

Atravessando um extenso jardim, adentrou a residência do cônsul Claudius Drusus, sobrinho do supremo Imperador de Roma e neto do extinto general romano, Marcus Antonius.

Imediatamente anunciou-se, aguardando pelo atendimento no pátio frontal da residência palaciana onde algumas nobres senhoras, acompanhadas de suas criadas, conversavam ao sabor da fria aragem matutina.

– Tomai assento, Valerius, que logo sereis atendido! – abonara com simpatia a conhecida matrona, Antonia, mãe do cônsul romano.

– Agradeço-vos, Senhora, no entanto sinto-me à vontade!

– Como quiserdes! Vejo que hoje vos fizestes acompanhar de uma encantadora criança! Por seus trajes e as marcas nos punhos e tornozelos, suponho que acabastes de adquiri-la! – interessou-se Antonia, cujo caráter bondoso com relação aos escravos era público.

– Verdade, cara senhora! Há tempos estamos necessitando de uma auxiliar para os serviços gerais no palácio.

Nesse ínterim, o olhar da menina cruzara com o da senhora, tomada de grande simpatia pela jovem escrava.

– Pois vos afirmo Valerius, se eu a tivesse visto, pessoalmente a teria comprado, a fim de libertá-la! Porventura não desejais repassá-la?!

– Considerai-a igualmente uma servidora de vosso lar íntegro e honrado, nobre patrícia. Prometi à menina que, ainda hoje, conheceria a família que me conquistou a lealdade. Entretanto, tenho certeza de que o senador não recusará entregá-la aos vossos amigáveis cuidados, obviamente sem qualquer ônus! Sois conhecida, nobre senhora, pelas excelentes habilidades em educar escravos. Ademais, a menina necessita vestir-se adequadamente, adquirir alguma educação e aprender a nossa língua. Suspeito que se comunica num dos dialetos existentes nos confins da Palestina.

– Ótimo! Façamos assim! Aguardarei as vossas notícias! Seria excelente se ela compartilhasse com a nossa casa a dedicação e a amizade que, certamente, dedicará à família do Senador Severus.

– Felizmente, conforme é manifesto em toda a Roma, tanto no vosso palácio, quanto no de meu patrono, não existem quaisquer escravos: todos vivem dignamente na condição de libertos. Assim sendo, esta pobre criança, bem rápido, retornará à sua natural condição de ser livre, tendo o pleno direito de ir e vir, conforme desejar. E, fitando longamente a fisionomia da jovenzinha, afirmara seguro:

– Tudo nela denuncia que nos surpreenderá. Não hesito que aprenderá instantaneamente muita coisa, adquirindo boas maneiras e transformando-se numa vossa amiga agradecida.

Rapidamente, Valerius Brutus seguira para o interior da habitação, ao sinal de um secretário, deixando a jovem às atenções das senhoras.

Determinada dama, dentre as demais, interessara-se curiosa:

– Estranho e inusitado o vosso encanto por esta criança, Antonia!

– De fato, cara Letícia! Nem eu mesma sei vos explicar o que ocorreu! Tais fatos estão nos segredos dos deuses! – exclamara a dona da casa, com certeza.

– Notai-a, estimada Antonia, algo nela estranhamente me intriga. Solicitemos a Jatir, o experiente servo judeu adquirido por Félix no país distante, de modo a questionar-lhe o nome e a procedência. O que achais?

– Ótima lembrança, Letícia! Já me esquecia que morastes na distante Judéia e que, quase todos os vossos servidores são de ascendência nativa, cuidadosamente escolhidos por vosso esposo. Seguramente, convocai-o bem depressa!

Uma das damas de companhia correra atrás dos passos de Jatir; um homem maduro de aparência agradável e serena. Ao vê-lo, a senhora pediu-lhe para fazer algumas perguntas à recém-chegada. Depois de resumidos instantes ouvindo o que a moça tinha a dizer, identificando o dialeto usado pela criança, Jatir respondera:

– Ela afirma chamar-se Sélene, prezada patrona. Esclarecendo que vem de recanto da Galiléia, donde foi cruelmente raptada e, agora, vendida.

– Pobrezinha, longe da família e da pátria! – suspirara a dama em amigável visitação àquele burgo, atingida no imo da alma, apesar de freqüentemente conviver com criaturas nas mesmas condições.

– Além disso, Jatir, que interessante nome grego para quem procede da longínqua Galiléia!? Pois diga a ela que minha saudosa mãe possuía o mesmo nome: Neathea Sélene, filha de uma memorável rainha do Egito, e descendente dos grandes faraós lagídios. Por esta feliz coincidência torno-me, bem como a querida Antonia, uma sua protetora!

Pouco depois, o servidor esclarecia:

– Ela agradece, dizendo estar sentindo alguma felicidade, depois de muito tempo! De minha parte esclareço, caras senhoras, que a região da Galiléia contém uma enorme miscigenação de raças e culturas, tal como acontece em Roma, sendo comum a adoção de nomes não procedentes da cultura pátria.

Satisfeitas, as damas serviram algum alimento à menina, deixando-a completamente sossegada. Enquanto a conversação transcorria agradavelmente, a jovem escrava mergulhara num mar de angústias e preocupações, sem conhecer o próprio futuro. Alma determinada, desde os primeiros momentos na prestigiosa Roma Imperial, abominara as soberbas edificações, que exibiam um imbatível poder. Detestara os orgulhosos costumes e primordialmente os arrogantes habitantes daquela cidade jamais vista.

À exceção de Valerius Brutus e das duas senhoras, tudo na nova metrópole lhe fora aborrecível.

As distintas patrícias, inconscientes das Determinações Superiores a respeito daqueles que percorrem as estradas da Evolução no planeta, desconheciam que todas as individualidades nas paisagens terrenas sempre retornarão a antigos caminhos, reencontrando sagrados laços espirituais e corações antagônicos, em prol do Determinismo da renovação, da aprendizagem e do bem.

A senhora Antonia Menor, dona da casa, nascera como a filha mais jovem do conhecido general romano, Marcus Antonius com a sua esposa romana, Otávia, assim como Letícia descendia da rainha lagídia, Neathea.

As senhoras, pelas vias espontâneas do coração, uniram-se numa fértil e longa amizade, a promulgar a beleza dos renascimentos que aproximam as almas e desfazem as incompreensíveis disputas.

Juntas recebiam alegremente para a enobrecedora experiência no solo romano uma antepassada, reencarnada, sem que se dessem contas da generosa Lei do Amor, sempre garantindo novas oportunidades.

Valerius, após as despedidas, partira da residência de Claudius Drusus, acompanhado da jovem adquirida no mercado. Ainda atravessando os extensos jardins ressecados pela estiagem, cruzariam com um jovem amigo daquela conhecida família romana, cuja hospitalidade freqüentemente atraía consagrados escritores, poetas, políticos ou simplesmente amigos...

O visitante que se aproximava do lar de Antonia era um militar em início de carreira, de origem humilde, que muito lutava para conseguir os seus ideais. Apesar das dificuldades existenciais, atingiria no futuro a culminância do poder em Roma. Para tais empreendimentos, o rapaz contaria com excelentes qualidades conquistadas em existências anteriores... Tratava-se de Titus Flavius Vespasianus...

Naquele encontro imprevisto, através de um gracioso caminho de pedras cortando um jardim, a jovenzinha e o militar não puderam perceber que as suas existências, no porvir, entrelaçar-se-iam de forma inevitável pelas Leis que regem as afeições verdadeiras...

A dedicação e a pura afeição do jovem militar muito transformaria o coração da menina judia, suavizando-lhe a alma marcada por suicídios, disputas, assassínios e dolorosas impressões de guerras.

O jovem que entrara, naquela feliz manhã de inverno, à casa do amigo, cuja mãe se lhe tornara excelente amiga e protetora, desconhecia que reencontrara a própria filha abandonada num tempo não distante.

O militar recém-chegado àquele lar trazia do passado espiritual extraordinárias habilidades marciais e grandes compromissos sociais, entretanto apresentando um temperamento bonachão e amigável. Passados aproximadamente quarenta anos, o General Marcus Antonius renascera na mesma amada Roma do passado, para desempenhar imperiosas obrigações sociais, depois de um suicídio calamitoso cometido numa ilha no meio do oceano.

* * *

Nunca mais a jovem hebréia abandonaria o portentoso centro do poder romano, vivendo nele por toda a sua existência. Rapidamente, com o material educacional obtido na residência do ilustre senador, resgataria qualidades espirituais e fortes características de sua marcante personalidade. Entretanto, nesta existência, destacar-se-iam em sua alma a ânsia pela vivência espiritual superior e o desejo de crescimento para os bens imortais do espírito.

Como nenhuma individualidade vive na Terra exonerada do ajustamento ante as Leis Sábias ou dispensada da aprendizagem dos Superiores Códigos Espirituais, também a jovem sorveria dolorosas expiações físicas, morais e espirituais, em razão dos próprios fracassos anteriores.

Porém, vivendo na abençoada esfera do Cristo, quando o Evangelho de Jesus propagava-se em Roma e em favor da Terra, adquiriria renovado vigor espiritual.

Os Desígnios do Criador, relativos à evolução de todos os seres nas provas planetárias, refletem imensa Sabedoria, tendo em vista a encantadora mistura de valores, tendências e habilidades, inatas a cada espírito, testemunhando a favor de que "*não nasceram do sangue, nem da vontade da carne, nem da vontade do homem, mas de Deus*", a exemplo do preceito do Apóstolo João, o Evangelista.

Nathanael
Muriaé, MG, maio de 2005

Outros livros da editora

De Francisco do Espírito Santo Neto

As Dores da Alma

ditado por Hammed

Nesta obra Hammed faz uma análise dos "sete pecados capitais" e, ao mesmo tempo, um estudo sobre a depressão, o medo, a culpa, a mágoa, a rigidez, a repressão – o que ele denomina as "dores da alma". Constrói pontes entre os métodos da sociologia, da psicologia, da pedagogia e diversas questões de *O Livro dos Espíritos*. Uma excelente reflexão sobre o comportamento humano.

Os Prazeres da Alma

ditado por Hammed

Esta obra, a exemplo do livro *As Dores da Alma*, é objeto de estudo do comportamento e dos potenciais humanos baseada em *O Livro dos Espíritos*. O benfeitor Hammed denomina *Os Prazeres da Alma*, sentimentos como a sabedoria, a alegria, a afetividade, a coragem, o autoconhecimento, a lucidez, a compreensão, o amor, o desapego, a compaixão, o perdão e outros tantos. Hammed busca no trecho do *Novo Testamento* (Marcos 12:37) "E a multidão O escutava com prazer!" a inspiração para o título deste livro.

Renovando Atitudes

ditado por Hammed

Hammed, neste livro, diz que só podemos nos transformar até onde conseguimos nos perceber. Ensina-nos como ampliar a consciência para que possamos enxergar as verdadeiras intenções que motivaram nossos atos e atitudes e, por conseqüência, melhoraram nosso procedimento em relação à vida. Obra baseada em *O Evangelho Segundo o Espiritismo*.

Fotolitos de capa
ArtScan
(São José do Rio Preto, SP)

Impressão
Lis Gráfica e Editora Ltda.
(São Paulo, SP)